提升学习效率的
100个法则

［日］ 和田秀树 ◎著

毕梦静 ◎译

中国科学技术出版社

·北　京·

Original Japanese title: INPUT NO KOURITSU WO AGERU BENKYOUJUTSU 100 NO HOUSOKU
Copyright © Hideki Wada 2020
Original Japanese edition published by JMA Management Center Inc.
Simplified Chinese translation rights arranged with JMA Management Center Inc.
Through The English Agency (Japan) Ltd. And Shanghai to-Asia Culture Co., Ltd.
北京市版权局著作权合同登记　图字：01-2021-7290

图书在版编目（CIP）数据

提升学习效率的 100 个法则 /（日）和田秀树著，毕
梦静译 . — 北京：中国科学技术出版社，2022.1
ISBN 978–7–5046–9406–5

Ⅰ . ①提… Ⅱ . ①和… ②毕… Ⅲ . ①学习方法
Ⅳ . ① G791

中国版本图书馆 CIP 数据核字（2022）第 012526 号

策划编辑	杜凡如　王　浩	
责任编辑	杜凡如	
版式设计	蚂蚁设计	
封面设计	马筱琨	
责任校对	张晓莉	
责任印制	李晓霖	

出　　版	中国科学技术出版社	
发　　行	中国科学技术出版社有限公司发行部	
地　　址	北京市海淀区中关村南大街 16 号	
邮　　编	100081	
发行电话	010–62173865	
传　　真	010–62173081	
网　　址	http://www.cspbooks.com.cn	

开　　本	880mm×1230mm　1/32	
字　　数	120 千字	
印　　张	7	
版　　次	2022 年 1 月第 1 版	
印　　次	2022 年 1 月第 1 次印刷	
印　　刷	北京盛通印刷股份有限公司	
书　　号	ISBN 978–7–5046–9406–5	
定　　价	49.00 元	

　　通过长年指导大学考试，以及参考我自己的人生经验，我相信学习是有方法的。

　　即使是拥有相同的记忆力和思考力，不擅长学习的人也很难得到理想的结果，而擅长学习的人通常都能得到理想的结果。

　　以前，我所提出的"考试学习法"曾受到过这样的批判："如果记住数学题的答案，采用以目标学校的最低分数线为目标的学习方法，也许确实能够被目标学校录取，但被录取之后，就不会再继续学习了。"

　　然而，过了10年、20年，情况却变得和之前完全相反了。

　　对学校老师的话言听计从、不自己动脑学习的人，很多在进入大学之后都变得不会学习，即使是在大学中取得了一些优异的成绩，在进入社会之后，他们也无法避免地成了对上司唯命是从的人。但是，认真花心思学习之后进入大学的人，无论是在进入大学之后，还是在进入社会之后，都能在遇到挫折时寻求解决的办法，所以他们大多能够克服困难，不任由上司摆布，也因此他们之中有很多人会选择跳槽或自己创业。

在本书中，我凭借着自己的经验，选出了100个可能会对大家踏入社会有所帮助的学习贴士，提供给大家。

与其说这是一本需要阅读的书，倒不如说是一份"等待尝试的清单"。因此，我是按照能让大家"无须从第一页开始，只需从你认为必要的部分开始阅读"的方式来编写的。

总之，虽然没有必要全部读完、全部实践一遍，但如果你能在某些时刻尝试与自身情况相符的方法，我相信你一定能够成为比现在的自己更能获得"成果"的人。

如果能拥有"多尝试，在不顺利的时候改变方法就好了"的人生观，就能在今后这种"必须持续学习"的时代中接连获胜，并养成有利于"在漫长人生中幸福地生活"的习惯。

若本书不仅能对读者的学习产生帮助，并且能使读者收获幸福的话，我将感到无上荣幸。

目录

第三章 提高学习和记忆效率

第四章 利用好你的时间

第六章 实践！输出同样重要

第一章

学习是一种必需

001 | 终身学习
如果不学习，就无法拉开与他人的差距

"学历无法决定人生"。在过去，这句话被用来鼓励在考试中失败的人们。

但现在，这句话对于那些拥有高学历，但在进入社会后却不再学习的人们来说格外有意义，它促进了他们的自我约束和思想转变。以前，大学文凭十分受重视，甚至与能否出人头地息息相关，但那已经是以前的事情了。

稍微思考一下就会明白，"在人生最初的20年里，是否比别人学得更多，决定了自己的一生"这句话只有在平均寿命很短的时候才成立。

在日本，之前的退休年龄是55岁，也就是大学毕业后大概会工作30年。而现在，退休年龄是65岁，即使工作到70岁、75岁也并不稀奇。随着技术的革新，之前学过的知识开始过时。而且，一想到要工作50年，边工作边学习的必要性也就不言而喻。

虽然能在工作中学习，但人们总会难以避免地更关心眼前的事情。可是，无论是为了扩大工作的范围，还是为了厘清自己现在所做的事情有什么意义，都有必要有意识地进行学习。

当你听到这样的说法时，也许会感到困惑。但稍微想一下就会知道，应该不只有你一个人会感到困惑。你的同事们、竞争对手公司的员工们也会有同样的想法。是的，大家都觉得，工作已经够忙了，根本抽不出时间学习。

但反过来想，如果能在这种情况下努力学习，不是就可以拉开与他人的差距了吗？**只有去做别人没有做的事情，才能收获成果。这是因为经验和知识是获得成功的武器。**外语也好，国际形势的相关知识也好，或者是业界需要的最先进的技术也好，无论学习哪个都是有用的。

这是所谓长年工作的时代，也被称为"即使从既定路线脱轨一两次也可以挽回"的时代。下定决心努力学习的话，会有更多的人给予你更高的评价。所以，请大家一定要尝试去努力学习！

具体的行动

在剧烈变化的时代，需要我们持续学习。在工作的间隙，去寻找感兴趣的主题学习吧！

002 | 学习具有值得珍视的价值

通过学习，增加"武器"，反超不学习的人

本来应该是人人平等的，为什么在当今社会中，人和人之间会有差距呢？"差距产生的原因就在于学习与否"，这是福泽谕吉在距今约150年前所提出的观点。

福泽谕吉的名著《劝学篇》开头写道："天不造人上之人，亦不造人下之人。"之后又紧接着写道："但如今环顾我们所生活的广阔世界，就会看到既有聪明的人，也有愚蠢的人；既有贫穷的人，也有富贵的人；既有高贵的人，也有卑贱的人。他们之间似乎有着天壤之别。"福泽谕吉主张："贤人与愚人的差距是由学与不学所造成的。"虽然这听起来好像是一件很严肃的事情，但反过来的意思就是可以通过学习逆转命运，今后就是这种靠实力取胜的时代。

虽然学历社会经常受到批判，但大家可以把它看作是对于与生俱来的身份社会进行批判的产物。试想一下，**可以凭借努力，扩大自己活跃的范围**，这难道不是最好的时代吗？

在太平洋战争中战败之后，日本本土可谓寸草不生、百废待举，所有日本人在贫穷这一点上，又重新回到了平等的起点。战后出生的很多孩子在公立学校的考试中竞争。但是，那之中的

"胜者们"在成为父母之后，为了使自己的孩子能在更有利的条件下获胜，很早就把孩子们送去私塾或者私立的完全中学①。这就使得公立高中的地位下降。我认为这和如今的教育格差社会②有一定的联系。

从这一点来说，父母是有钱人的孩子拥有更多的学习机会，学习能力也会更强，但实际情况却是一半对一半。这是怎么回事儿呢？虽说孩子们的学习能力在一定程度上与父母的年收入有关，但当父母的年收入超过一定数额时，孩子反而会变得不学习。

可能是因为这些孩子觉得"即使不拼命努力也能有饭吃"。在这种时候，正是贫穷孩子们逆转的契机。在有钱人疏忽的间隙，努力学习，增加自己的"武器"，就可以获得更多活跃的机会、赚更多的钱。

特别是在周围人都不学习的情况下学习，虽然可能会很孤独，但在这种情况下学习，才可以拉开与周围人的差距。只有做到别人做不到的事情，才能成为被人珍视的存在。

！具体的行动

正是在其他人不学习的时候，才是你学习的机会。在这时，去寻找自己的兴趣方向并开始学习吧！

---

① 指既有初中学段，又有高中学段的学校。——编者注
② "格差社会"源自日语，指社会形成严密的阶层之分，不同阶层之间经济、教育、社会地位差距巨大。——编者注

003 | 打磨自己的独特性将愈发重要
如果安于现状，就会和周围的人一起没落

日本的大学生是全世界最不爱学习的大学生。这已经是很久之前的话了，现如今这种话只能在时代剧中看到。

应监护人的要求，大学时期成了高中时期的延续，学校负责管理学生们的考勤；由于学生们进入大学后的学习能力不如从前，所以不得不好好学习……暂且不论这背后的原因是好是坏，现在的学生或许的确比以前的学生更加好学。

但是，上班族怎么办呢？在求职中屡次碰壁的人们虽然有很强的学习意识，但现实的氛围却是，人们会用"意识强烈系"这样的词语来嘲笑他们。

如果是把努力看作愚蠢，继续按照之前的价值观来工作的这群人高高在上，公司的组织机构就不会发生变化。

在经济合作与发展组织的各成员国中，成年后为继续学习而重新入学深造的人数比例，日本是最后一名（2016年的数据）。

当然，只是为了获得工商管理硕士等学位而选择读研，这并不算是学习的一种形式，所以我们不能一概而论地说"日本人都不学习"。但是我认为从这一点上也可以看出新卒一括采用①、年功序列②以及终身聘用③等制度的负面影响。

在与同一时期入职同事们水平几乎相同的情况下进入公司后，就会格外担心自己与同期入职的同事之间产生差距。过于在乎公司内的人对于自己的评价，就会容易轻视在公司之外的学习。

当然，在较为稳定的时代大背景下，对于自己所从事的工作日渐熟悉，也不失为一件好事。但如果你所就职的公司倒闭了，你因此失去了工作的话，该怎么办呢？由于轮岗制，员工们在各个岗位之间不断转岗，这就可能会使员工们失去对于某项工作的专业性。

在找工作时，如果你有不同于他人的证书或学习经历，就会

---

① 指企业在聘用新员工时，不看其专业是否对口，也不要求新员工可以立即为公司作出业绩，而是更倾向于新员工的潜力、性格和办事方式是否与该企业相匹配。在新员工进入企业之后，由企业从零开始手把手培养员工。——译者注

② 日本企业的传统工资制度。其主要内涵是员工的基本工资随员工本人的年龄和工龄的增长而每年增加，而且增加工资有一定的序列，按各企业自行规定的年功工资表次序增加，故称年功序列工资制。——译者注

③ 个人在接受完学校教育开始工作时，一旦进入一个公司，将一直工作到退休为止，而该公司不能以非正当理由将其解聘的制度。最早是日本企业倡导的一种管理实践，与其相对应的管理实践包括对年轻员工实行全面的职业管理和教育培训。——译者注

格外引人注目，并且也很有可能会遇到需要你掌握的那项技能的
公司。而且，也可以向和你一起在业余时间学习那项技能的朋友
们求助。此外，如果你能掌握最新的知识，这可能会成为你能否
被录用的关键。

具体的行动

身处可能不会一辈子待在同一家公司的时代，希望大家能够
舍弃"能和其他同事保持一样的水准就可以了"的想法，不
断打磨自己的独特性。

004 | 校外学习已成趋势

随着学习机会的增多，会产生逆转的契机

新卒一括采用、年功序列、终身聘用等制度一方面能够使劳动者们的生活趋于稳定，另一方面也削弱了人们的学习欲望。关于这一点，我在上一节的内容中已经进行了论述。但如今，这一倾向也在发生着巨大的变化。

由于企业实力下降，无法再保障终身聘用制，积极性较高的员工们为了时刻做好跳槽的准备，会经常磨炼自己的技能，并同时构筑起自己在公司外的人际关系网。因为随着时间的流逝，当初进入公司时所倚仗的文凭，也不再起作用了。

但是，即便如此，在繁重的工作中能够保持学习的人，向来只是一小部分的精英阶层。从结果上来看，这样的人能够在公司内升任要职是一件好事，但如果大家都以此为目标的话，无论从时间上还是经济上来说都是一件困难的事情。

在这种情况下，日本的**“工作方式改革”**应运而生。通过管制加班时间，员工们在公司的时间得到缩减，员工们也因此能够有更多的个人时间。

我经常听到这样的事情：夫妻双方都上班且忙于带孩子的员工

们可能会在下班后想马上回家，但是，在日本社会中，晚下班是理所应当的，并且同事中还有很多没有成家的人，难道就应该让他们留下来加班吗？因此，在这种情形下，他们往往会感到不知所措。

对于这些想下班后马上回家带孩子的员工们以及有很强的学习意愿的员工们来说，有一个共同的办法就是"**越境学习**"。越境学习在多数情况下是指不在公司或家里，而是在共用办公空间（co-working space）或大学的卫星式办公室等场所，给上班族提供新的重新学习的机会。比起座学①，越境学习更多地是以研讨会的形式进行，很多人能够在参与的过程中收获乐趣（受新冠病毒影响，如今也出现了在网上开研讨会的形式）。

像这样，由于学习的难度降低，员工们可以在很短的时间内重新进行学习。正如我在之前的章节中所提到的，在很多人都不学习的情况下，你只要稍微学习一下，就能够和他们拉开差距。

如今，在网络上检索后，就可以立即知道提供自己所需知识的研讨会在哪里举行。虽然学校履历不容忽视，但能够不断更新自己学习履历的人，更能让他人感受到自己的魅力。

❗ 具体的行动

由于学习的难度降低，大家应当积极地用好这个机会，主动地检索学习的场所并去那里学习吧！

---

① "座学"是指相对于实际演练，在教室授课形式的课程。——译者注

005 | 知识依然不可或缺

如果没有掌握最低程度的知识，就无法进行思考

如今，互联网早已普及。对于不知道的事情，只需在网上搜索一下就可以立刻找到相关的信息。越来越多的人认为，身处当今社会，人们不需要记住大量的信息，只需要在互联网上进行搜索即可。另一方面，我也经常听到这样的主张：只掌握知识本身是不行的，拥有使用知识的思考力才是最重要的。

事实确实如此。那么，所谓思考力又是什么呢？思考力是指，**掌握的知识越多，进行推断的精准度就会越高。**

在这里，我想给还没有理解其意思的读者们举两个考试的例子。分别是司法考试中的论文考试和庆应义塾大学文学院的英语入学考试。

在司法考试的论文考试中，会给所有考生发一本《六法全书》。虽然，在考试中针对问题进行明确的调查并得出结论是非常重要的，但更重要的是要知道在面对问题时，应该使用哪个条文进行恰当地处理。

虽然不需要考生将所有条文熟记于心，但却需要考生能知道最常规地解决案件的方法。

　　此外，在庆应义塾大学文学院的英语入学考试中，考生可以带英日词典进入考场。虽说如果有不会的单词可以查字典，但是，有大量单词不会的考生会比只有几个单词不会的考生花费更多的时间查字典，并因此陷入不利于自己的考试状态。总而言之，掌握某种程度的基础知识是必不可少的。

　　虽说如此，不知道有没有人会这样想："在这个只要上网搜索就可以获得大量信息的时代，这种考试本身就是过时的。"那么，网络上的信息全都是正确的吗？人工智能的精确度可以说是完美无瑕的吗？在进行逻辑思考时，我们难道不需要可以表达自己逻辑的词汇量吗？因此，"知识是不可或缺的"，这一点是毋庸置疑的。

　　正因为是便捷的时代，才更要进行学习。

具体的行动

没有知识就无法进行思考。为了提高推断的精确度和自身的思考力，让我们一起积累作为"根基"的知识吧！

006 | 在人工智能时代，该如何学习

人工智能时代，学习会变得更加重要

2011年，纽约城市大学教授凯西·戴维森（Cathy Davidson）发表了如下言论，震惊了世界："在2011年开始读小学的美国孩子们当中，有65%的人会在大学毕业时从事现在并不存在的职业。"

不仅是简单劳动，就连律师、医生等有难度的职业，今后也可能会被人工智能所取代。这样一来，可能有人会想，"既然学习也会被人工智能取代，那么学习其实就是在浪费时间"。

但是，这种想法其实是对于学习的一种片面认知。确实，如今可能已经没有那种"在困惑时，知识可以为我们排忧解难"的故事了，但翻阅历史，就会发现惊人的事实。

在20世纪80年代的意大利，曾经有这样的事情发生：当时的人们认为今后是使用计算机的时代，所以人们不再需要掌握简单的计算方法。于是，学校不再教授计算方法，而只是教学生们如何解答应用问题。但是，这样的教育计划造成了十分严重的学力低下问题：学生们不仅没学会如何解答应用问题，就连基础的计算也没有掌握。相反，在要求学生掌握19×19以下乘法运算的印

度，优秀的程序员们人才辈出。

所以，我认为无论在哪个时代，不学习就无法继续生存。**虽然可能有人认为人工智能会缩小各种各样的差距，但很遗憾，我的观点与之恰恰相反。**我认为，在所有的职业中，人工智能都在扩大差距。

在所谓的可能会被取代的职业中，可以通过将繁杂的事务性工作交给人工智能完成来节省时间，所以优秀的人才可以更好地完成更多的工作。

这样一来，无法尽快完成工作的人、没有任何长处的人就会被夺去工作，差距也随之产生。这样的事情开始变得随处可见。

当今时代，是需要人们集中力量、发挥经验优势去挑战新事物的时代。哪怕是为了能更加熟练地使用人工智能，进一步提升自己的强项也显得尤为重要。

具体的行动

随着人工智能的应用领域扩大，人类应该完成的工作会变得更加明确。所以，试着思考如何灵活运用自己擅长的领域吧！

007 | 在人工智能时代，该如何思考

"如果有……就好了"，是创造出新时代的动力源泉

在上一节中我曾指出：即使是在人工智能时代，我们也需要进行学习。假设我们在继续学习，那么除学习之外，再去做些什么事情可以让我们受益呢？大家试着思考一下吧。

实际上，我个人非常喜欢《哆啦A梦》这部动漫。虽然如今《哆啦A梦》早已成为日本的国民动漫，但在此之前，《哆啦A梦》也曾因为主人公野比大雄没有上进心而成为被批判的对象。

主人公野比大雄既不会学习也不会运动，在遇到困难时就只会向哆啦A梦求助，然后哆啦A梦就会从口袋里掏出能够解决问题的道具。

如果是在从前，哆啦A梦就是企业所需要的人才的缩影吧。过去的企业也许需要能够应对各种问题的全能人才，那么现在呢？实际上，我认为野比大雄是很厉害的。为什么这样说呢？**因为他对于自己感到为难的事情、想要的东西等，能够用言语表达出来。**

试着将自己想象成大雄，就能明白我说的意思了。如果你被问到"现在想要的东西是什么"，也无法立刻回答出来吧。如

果肚子很饿的话，就想要食物；如果不饿的话，可能就会想要时间吧？

在这个供过于求的时代，在生产日常用品的公司中工作的人会有格外迫切的烦恼：无论生产出品质多好的产品，消费者也不一定购买。

在这样一个时代中，能够清楚地知道消费者需求的人，才是企业所需要的人才。换言之，也就是懂得如何营销的人。

虽然生产产品的技术在不断进步，但能否真正生产出消费者必需的商品，则另当别论。

此外，要想弄清楚消费者想要的是什么，大量的知识储备也是不可或缺的。这需要我们有意识地去关注工作中遇到的疑问和课题，而不是漫不经心地对待每天的工作。

最近，设计思考、艺术思考等逻辑思考之外的思考方法层出不穷；为了想出不被常识束缚的主意，相关的方法也正在被研究讨论。

虽然，也许我们很难模仿野比大雄那种坦率的语言能力，但试着养成去思考"如果有……就好了"的习惯，也不失为一件好事。

具体的行动

当今时代，比起"解决问题"的能力，更看重"发现问题"的能力。所以，试着对周围的事物保持关心吧！

第二章

学习这件事

008 | 坚持自学

自学能提高对于信息的敏感度

在第一章中，我对学习的重要性进行了说明。在第二章中，我将会对学习前的思想准备、需要注意的事项等进行介绍。

在当今时代，只是和周围的人做同样的事情是不行的，我们必须磨炼自己的长处。学习方法有很多种，去读工商管理硕士也好，去上补习班也好，自己自学也可以。

在有老师、有同学的情况下可能更有助于学习，所以大家普遍认为去学校学习更好。但其实，"自学"这种学习方法也有许多优点。**不管怎么说，自学没有时间和金钱上的限制**。换言之，在没有教学大纲的情况下，需要我们自律地进行学习。如果能做到自律地进行学习，那么这件事本身就是一个很大的优点。

此外，补习班等机构也并非拥有可以辅导所有考试的能力。当你想学习的课程所占市场份额很小时，当补习班的准备不足时，你就不得不进行自学。在这种情况下，需要大家自己努力学习，并找到可以一起学习的伙伴。

自学的优点是，无须花费过多的金钱，可以按照自己的节奏，去学习自己感兴趣的知识。而且，当你向他人传达自己所获取的知识时，可能会得到一些回应。这时，你也许可以借此对该知识有进一步的学习，并扩大自己的交友圈。这样一来就会形成良性循环，你会不断获取更多的信息，提高自己对于事情的敏感度。此外，你还可以通过学习预防大脑老化，保持健康和年轻。

虽说自学有如此多的好处，但若要试着列举一下自学的缺点，那就是自学也需要花费时间并且很难判断自己是否真的学到了知识。既然已经花费了时间，对于课题的选择就变得十分重要；为了检测自己是否真的学到了知识，可以找一些学习的伙伴。

请大家相信，这样花费时间学习的课题，一定会成为"武器"。知识和人脉，是不会背叛我们的。

具体的行动

自学可以不受限制地进行学习。要想发挥自己的长处，就去寻找自己感兴趣的主题进行自学吧！

009 | 我们需要怎样的头脑
能进行推断的人，不会难以谋生

现如今，21世纪的五分之一已经结束，学历社会、年功序列、终身聘用的崩塌瓦解也已经被谈论了很久。历来被认可的高学历、知识偏重型的头脑聪明也已经不再被广泛认可。就拿思考方法来说，现如今除了一直以来受到重视的逻辑思考之外，设计思考和艺术思考等更加重视直观感受的方法也层出不穷。

另一方面，我也经常听到这样的议论：如今，在竞争社会和格差社会中成为胜者的不还是头脑聪明的人、有高学历等文化资本的人吗？虽然倡导着"学历不是全部"，但看到竞争激烈的中学升学考试，就会有一种"如果不参与竞争，就会被时代所抛弃"的感觉。这就是现状。

此外，许多企业会通过考察员工的能力和潜力来决定是否录用该员工。在入职考试中的成绩以及获得最高学历前所就读的高中等，企业会从各个维度对员工进行考察。

那么，今后这个社会所需要的"头脑聪明"到底是指什么呢？在认知心理学的模型中，**所谓思考，是运用知识进行推断。**

在这里所提到的知识，不只是计算公式、事物名称等碎片化的东西，还包括烹饪技巧、为人处世的经验等，即人类通过经验和学习所获得的综合性的东西。当今社会所需要的是人们能从已知的知识中，推测出未知事物的能力。

总而言之，既然需要从已知的经验和知识入手进行推断，那么自然是掌握的知识越多越好。但是，如果拥有很多知识却无法运用的话，就没有任何意义了，为此我们有必要进行训练。从这种意义上来说，下棋时的定式和数学题的解题模版，可以说是很好的训练材料。

总之，人们会普遍更倾向于认为，能基于已有知识进行准确推断的人，在遇到问题时也能很好地解决问题。这一观点不仅适用于平时的考试学习，也适用于日常生活的方方面面。

具体的行动

为了能够进行准确的推断，需要有渊博的知识和活用知识的技能。所以，试着进行可以提高数学思考力的训练吧！

010 | 收入与学习的关系

进行战略性的学习，可以增加年收入

试着思考一下你周围的事情。那些你认为"工作做得很好"的人，有什么共通之处吗？

可能有很多人会怀着嫉妒的心情，认为那些"工作做得很好"的人并不是因为他们有实力，只是运气好罢了。"因为上司喜欢他们""因为他们有前辈留下来的大订单，所以才能确保销售额"。

当然，实际上确实会有这样的因素存在。但是，在这里我希望大家能转变一下看法，试着想一下为什么那些人能够抓住幸运呢？在这背后，应该有想将重要的工作委托给他的"某种因素"。相信大家已经明白了，这"某种因素"就是我想说的"学习"。

无论是在公司内进行讨论，还是在公司外和客户谈判，都不仅需要对话的技巧，还需要一定的知识。这种知识并不是表面的东西，而是能对自己掌握的知识进行深入思考并将其通俗易懂地传达给周围的人。要想做到这一点，就需要我们进行学习。

举例来说，如果是技术类经营领域的工作，不仅需要员工对于该技术有理科方面的知识，还需要员工了解一些政治经济背景。针对新的规划提案，企业需要员工能对于"为什么需要实行这个新的规划"以及时代的背景和顾客的需求有一定的见解。从这个角度重新审视工作就会发现，要想在工作中取得成绩，仍然需要进行学习。

杂志《PRESIDENT》（2016年7月4日刊）曾对年收入2000万日元和年收入500万日元的人的学习方法进行了比较。结果显示，年收入2000万日元的人能确保自己的学习时间，并积极参加公司之外的研讨会和学习交流会等。

年收入高的人能有效地活用零碎时间，并且能确保整块的学习时间；关心政治和经济，并阅读相关书籍。如今，医生和律师在取得执业资格之后就可以泰然度日的时代已经一去不复返，不断对知识进行更新升级也已经成为大势所趋。**"没人教我，所以我不知道"** 的说法在当今社会中已经行不通了。所以，自己主动去获取知识、提高能力吧！

具体的行动

确保零碎时间和整块时间，有意识地去增加知识的输入吧！

011 学习需要动机

如果没有目标，会有很多人无法努力

在成为大人之后很难进行学习的理由是什么？可能会有各种各样的理由，比如"工作太忙了，没有时间学习""被孩子弄得焦头烂额，没有适合学习的环境""工作聚餐太多了"等。但是，最大的理由难道不是"没有动机"吗？

无论有多忙，如果处于不得不学习的处境，就一定能抽出时间学习。曾在初高中忙于社团活动的人应该会有这样的经历：虽然因为社团活动忙得不可开交，但因为眼前有考试，所以不得不好好学习，认真备考。但在成为大人之后，就失去了学习的"目标"，即使有目标，也可能会因为目标太远而没有动力。

总而言之，**在成为上班族之后，面对各种优先顺序高于学习的事情，人们会想："为什么非要学习呢？"并因此陷入难以形成学习动机的状态。**

就像我在第一章中所介绍的那样，上了年纪之后，体力和学习热情都有所下降，很难有余裕去学习。"如果没有动机，就无法学习"，这对于大多数人来说都是非常自然的事情。

关于动机的形成，可大致分为两个部分，即"**内在的动机形**

成"和"外在的动机形成"。

"内在的动机形成"是指在学习时能感到快乐，所以愿意学习。如果对持有这种动机学习的人给予奖赏，反而会起到反作用。

"外在的动机形成"也就是所谓的"糖块和鞭子"。对于学习的人给予奖赏，对于不学习的人进行处罚或将其开除。

"糖块"和"鞭子"并没有好坏之分。并且，什么是"糖块"，什么是"鞭子"也因人而异。因此，**清楚地知道哪种动机形成对于自己而言是有效的、自己能进行何种程度的动机准备，是非常重要的事情。**

具体的行动

动机形成分为"内在的动机形成"和"外在的动机形成"两大类。寻找适合自己的类型，并以此维持自己的干劲儿吧！

012 | **上班族的动机**
如果能通过学习扩展人脉，就会更想学习

在上一节中，我对动机形成的思考方式进行了介绍。在这一节，我想针对上班族的动机形成进行进一步的详细说明。

我曾研究过"可能会成为上班族学习动机的因素"，除去"糖块和鞭子"之外，我认为以下的三个法则和九条原理是十分重要的。

一、希望的法则

❶ 努力之后，事情就会顺利进行

❷ 看起来似乎已经拼尽全力

❸ 知道该做什么、该如何做

二、充实的法则

❹ 有趣且确实得到了成长

❺ 因为是自己决定的事情，所以会努力去做

❻ 被期待

三、关系的法则

❼ 可以安心

❽ 持有关心

❾ 拥有一体感

对于日本的实际情况而言，关系的法则尤为重要。很多人认为日本在当初引入美国的成果主义后没有取得成功，是因为轻视了日本企业中的家族主义。但在我看来却是因为忽视了这一点：对于在工作中取得成果的人来说，比起升职或加薪，他们更想获得周围人的认可。**对于日本人来说，比起工作或学习本身，他们更在乎通过这个过程或结果所获得的"人际关系"。**

比如，努力学习之后受到了公司的表彰；在读工商管理硕士的过程中结交了公司之外的人脉，并将其发展成为工作上的伙伴；在退休后被其他公司聘请……对于商务人士来说，构建人际关系网是非常重要的学习动机。

！ 具体的行动

人们通常在自己的努力得到认可之后，会更有动力继续前行。在学习中找到能够互相认可的伙伴，扩大自己未来的可能性吧！

013 | 内在动机

在持有某种动机后，学习会变得轻松愉悦

在之前的两节中，我对动机的形成进行了详细的介绍。虽然动机的形成因人而异，但大家想必都已经清楚："在持有某种动机后，学习会变得轻松愉悦。"

迄今为止一直从事销售行业的人，如果想试着从学术的角度了解"什么是销售"，就会考虑"去商学院就读，应该是一个很好的选择吧"；或者与之相反，已经学习了一些人事方面知识的人，想试着考取社会保险办事员①的资格证书，也是一件很好的事情。

在填报大学志愿时，本着有利于就业的原则，选择了经济系，但实际上却想学习艺术。所以，为了能重新学习艺术而开始接受函授教育，也是一件好事。

或者与之相反，可能也会有这样的事情发生：虽然在填报大

---

① 在日本指经厚生劳动大臣认可，专门从事与社会保险、劳动保险关的文件制作以及指导、商谈的人。"厚生劳动大臣"相当于我国的卫健委以及人力资源和社会保障部的官员。——译者注

学志愿时选择了文学系，但在工作了一段时间之后，开始想对社会结构进行研究，于是选择去读公共政策专业的研究生。

在美国，工作后想改变职业方向进而选择攻读研究生的人不在少数。从这种意义上来说，日本也在慢慢接近国际标准。但在日本，仍有许多人认为辞去工作是一个高风险的选择。所以，很多人选择了边工作边读书的方式，例如在夜大上学。夜大等可以半工半读的形式也为想继续深造的上班族提供了更多选择。

或者，如果你并非仅仅出于这样高尚的目的，而是以**"想成为人气高的人""想遇到喜欢的人"**等作为动机，也没有任何问题。"因为在公司里没有关系好的朋友，所以想加入公司外的团体。"即使是这样的动机，也是无可非议的。在这个充满风险的时代中，想拥有一个有上进心的朋友，可能是一个明智的想法。

无论是什么样的目标都可以。通过制定目标，可以激发干劲儿并明确自己现在该做什么。如果人类能控制自己的欲望，这将成为社会发展的助燃剂。

具体的行动

学习的目的或动机无论是什么都可以。持有强烈的动机，并一边适当地控制动机，一边努力学习吧！

014 | 首先要了解自己①

了解自己之后，学习效率就会上升

如果你在阅读了有关动机形成的内容之后，充满学习干劲儿，想尽快开始学习的话，那真是太棒了！但是，如果什么也不思考就一时冲动地去做，很可能会半途而废。

那么该如何制订计划呢？虽说制订计划是非常重要的事情，但是在此之前，最好先稍微学习一下你想学的知识，并在学习过程中分析自己的能力特性。

你是更擅长"记忆"还是更擅长"思考"呢？人类可以分为**"记忆优越型"**和**"思考优越型"**。虽然偶尔也会有两种都擅长的人，但一般来说，大多数人都是侧重于其中一种的。

小孩大多都是"记忆优越型"。很多小孩子都能记住许多汽车和动物的名字等，可以说是"记忆优越型"的典型代表。

在这种不断记忆的过程中，孩子们的思考能力也在逐渐增强。从9岁左右开始，思考的优越性会渐渐突显。在此之前，孩子们很难进行抽象的思考。因此，这一阶段被称为"9岁的壁垒"（可能会存在一定的个体差异）。

首先，要对自己有一个清楚的认知：自己是更擅长逻辑思考还是更擅长记忆知识？然后在学习中活用自己擅长的那一方面。

　　顺便说一下，我本人是"思考优越型"的人。虽然擅长数学和理科，但对于需要记忆人名、年号的日本史、世界史等却十分不擅长。但是，对此也不是没有办法。如果历史不好的话，就将历史从考试科目中去掉，然后在自己擅长的科目中拿分就可以了。比起为自己做不到的事情感到烦闷，倒不如将目光投向自己可以做到的事情上。

　　当"思考优越型"的人遇到必须进行记忆的场合时，可以试想一下能否通过联系与其他事物的关系来记忆，或者用其他方面的学习来取代。

　　"记忆优越型"的人往往会先记住正确答案的模板，然后再试着回头思考为什么能得出这样的答案等。因此，对于"记忆优越型"的人来说，多对得出答案的过程和方法进行思考，是非常重要的。

　　在不清楚自己属于哪种类型时，可以稍微学习一下，然后在学习的过程中试着了解自己的类型。无论你是哪种类型的人，都有必要对自己有一个清楚的认知。

具体的行动

是"记忆优越型"还是"思考优越型"，不同类型的人学习的方法会有所不同，所以认真分析自己的类型，然后投入"战斗"吧！

015 | 首先要了解自己②
清楚自己的能力特性之后，更容易确立目标

　　上一节中谈到，在清楚自己是"记忆优越型"还是"思考优越型"的基础上，如何改变自己的学习内容和学习方法。在这一节中，我将会介绍在工作中活用自身能力特性的方法。

　　理解自身的能力特性是指能对自己的知识水平和与人交往的方式等有着客观的认识，也就是有正常的**"超认知"**能力。如果能清楚自己的强项和弱点，那么即使是在平时的工作中也能选择适合自己的那一个。

　　如果不擅长数字却在财务部门工作，可能会因此很难发挥自己的能力；如果记不住人名，可能就不适合在人力资源部工作。

　　在这种情况下，在对自己的能力特性进行分析后，若提出想调去适合自己的部门的请求，在以前通常会被驳回并且会被认为这是非常任性的举动，甚至还可能会在人事考核中得到负面的考核结果。这是因为社会普遍认为，虽然员工对自己手头的工作不太擅长，但员工哪怕能多做一件事，这对于公司和员工本人来说，都是有益的。

　　但是，近年来人们开始认为，让员工待在自己不擅长的工作岗位是存在风险的。无视这种能力特性的差异可能会导致员工对工作失去热情、和周围的同事产生矛盾而离职。因此，越来越多的公司开始引入"个人申请制度"，合理利用人才的意识与之前相比有很大提升。

在清楚自己的特性之后，可以将其与自己在职场中想做的工作联系起来，主动地去完成自己想做的工作。伸手去做想做的工作、得到适合自己的工作，这样一来，成功的可能性也会变得更高。

清楚自己的能力特性后，在换工作时也可以更加有针对性。如果思考力很强，可以选择策划岗位或者刚刚创业的公司；如果很擅长与人交流，则可以选择与销售有关的工作。相反，清楚自己"做不到"的事情，适时地明确表达出"我做不到"也是一件非常重要的事情。

如果你觉得对于上司交代的任何工作都必须要去做，你就很可能会在不知不觉间被看作"无法完成工作"的人。只有自己才能守住自己的底线。

 具体的行动

分析自己的特性，明确自己想做的工作和不想做的工作吧！

016 | 寻找自己认为有趣的事情

拥有喜欢的主题，就能够投入其中

我相信有很多人在想开始学习的时候却不知道自己想学什么、该学什么。

在这个世界上有无数可以学习的主题，但我们的时间却是有限的，所以选择学习的主题是一件非常重要的事情。

假设你想为退休之后的生活做准备，下定决心考取司法代笔人[①]的资格。但是你并非法学专业出身，也没有从事法律相关工作的经验，就算是看课本学习也完全看不懂，在这种情况下，学习就成了一件折磨你的事情，不是吗？

逼迫自己去学习不想学的知识，反而会因此讨厌无法理解知识的自己。即使在费尽一番周折之后通过了考试，等待你的也将是自己完全不感兴趣的工作……这样的话，你会有动力去工作吗？

可能有许多人因为生活所迫而不得不从事自己不感兴趣的工

---

① 在日本指专门接受他人委托，为其代写提交给法院、检察院或法务局文件的人。——译者注

作，既然是这样的话，倒不如索性选择自己在学习中能够感到快乐的主题。

归根结底，应该找到适合自己的学习方向。虽然学习的主题多种多样，但无论如何，能让自己快乐地学习是必不可少的条件。这是因为，如果你能在学习中感受到快乐，你就可以充实地度过每一天。这也可以说是，在发现自己的强项和弱点之后，为了强化自己的强项而进行学习。

"通过学习，对于这一领域的知识有种不服输的自信"。

"谈论自己学习的成果，希望得到周围人的认可"。

拥有以上的感受，对于人类来说是一种**"愉悦的体验"**。这种"愉悦的体验"能激发人类的情感，并预防衰老。

分析自己的"喜好"和"强项"，然后去寻找学习的主题吧！

具体的行动

学习喜欢且擅长的事情，更容易专心致志地投入其中并取得成果。如果你还没有找到自己感兴趣的主题，就试着尝试各种不同的兴趣爱好吧！

017 | 从容易理解的事情开始

当你意识到"我懂了"时，更容易推进学习进程

在选择学习的主题时，虽然选择有趣的主题十分重要，但选择自己"知道"的主题也同样重要。

说起学习热情不高的原因，很多人会列举出"学习太苦了""学习太累了"等广为人知的理由。但是，如果试着把学习换成工作就会明白，即使是刚开始非常棘手的课题，在逐渐习惯之后，也能轻松地应对。

相反，对于不管过了多久都无法习惯、让自己感到痛苦和困难的工作，你也从来没有想要积极主动地去完成。（在这之中，也有对于越是不懂、越是困难的工作越感兴趣的人。比如，喜欢解答数学难题的那类人。我想，这种类型的人应该是知道许多定式，并喜欢从无数的组合中选取解决方法的人。）

学习也是同样的道理，大多数的人都讨厌有难度的知识。我在指导考生时，也会先让他们去学习自己擅长的科目。对于不擅长的科目，我会让他们从难度较低的参考书和练习册开始学习。对于考生而言，这种"我懂了"的体验可以激发他们"也许我能做到"的自信和干劲儿。

大人们在通过自学学习了一个月左右还是完全没能理解学习的内容时，就此放弃也没关系。

但是，这也有可能是因为没有选对教科书。所以可以根据自己的实际情况，选择难度更低或语言更加通俗易懂的教科书，再次进行挑战。

如果无论读什么入门书都理解不了，或者无法提升阅读的速度，那么就说明你自身的能力和你所选择的学习内容并不匹配，及早放弃是明智之选。

如果是适合你的学习主题，那么一个月的时间足以让你体会好几次"我懂了"的感觉。而且，你的阅读速度也应该会有所提升，你在学习中也应该会收获更多的乐趣。

具体的行动

试着学习一个月左右，如果自身能力与自己所学习的内容不匹配，就试着降低教科书的难度。如果还是不行，就选择其他的学习内容吧！

018 | 选择适合的主题
选择过时的主题，会很难继续学习

在之前的章节中，我已经说过，在学习时最好选择有趣、易懂的主题。在这里，如果让我再附加一条的话，那就是"**选择不会过时的主题，更有利于长久的学习**"。

学习日新月异的主题（比如科学技术等）可能会很有挑战性，但是能理解最前沿的知识本身就已经很难了，若想长期掌握最前沿的知识则需要付出巨大的努力。

如果想到为科学技术付出毕生心血的科学家和技术工作者，你可能会觉得为某种学习付出巨大努力也是理所当然的事情。但是，学会不勉强自己，并满足于自己已获得的知识，也是非常必要的。

另一方面，人文社科类的知识不会那么容易过时。比如哲学、心理学、历史等学科，即使学习了几十年，也可以再进一步地进行深入研究，或者修正之前的研究。古老的文献也有十分重要的参考价值。

对于社会经验丰富的人来说，在进行心理学的学习时，可以活用自己的社会经验；学习哲学的人则可以从自己在工作中发现的这个世界存在的问题入手，进行学习。

有许多人一边长年在公司上班，一边出于兴趣爱好而坚持写小说。我自己则一直梦想成为一名电影导演。在我47岁的时候，我终于发表了自己的导演处女作《考试的灰姑娘》（受験のシンデレラ）。这可以说是因为我没有放弃学生时代的梦想，一直坚持学习电影的相关知识，才最终实现了梦想。

当初我选择学医也是为了可以不靠拍电影吃饭。对于自己毕生的事业，如果有能让自己愿意投身其中的理由，日常的生活也会因此充满乐趣。

究竟是该选择有历史积淀的学习主题还是日新月异的学习主题，需要大家自己作出判断。但是，在选择时，要能够意识到这是两种性质不同的东西。

在为了考试而进行学习时，要多注意与考试相关的实时信息。因为考试的范围可能会几年一变。如果法律被修改的话，考试内容甚至可能会与之前完全不同。

具体的行动

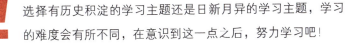

选择有历史积淀的学习主题还是日新月异的学习主题，学习的难度会有所不同，在意识到这一点之后，努力学习吧！

019 | 复习
学习之前学过的内容，能够比之前更快地理解

　　寻找学习主题的方法之一就是，试着重新学习自己在学生时代学过的知识。试过之后就会发现，在许多情况下，自己都比在学生时代时学得更快。

　　"虽然姑且选择了经济系，但在当时却没什么学习的欲望……"

　　"虽然在法学院学习了一些与司法考试有关的内容，但当时还是没有通过考试……"

　　"虽然在工学院读书，但当时没有感兴趣的研究方向，所以毕业之后就立马工作了。现在想想，如果当时再坚持一下就好了……"

　　上述的这些人之所以会有这样的想法，很可能是在踏入社会后，在工作中遇到了让他们想起"咦？这不是我上学时学过的东西吗"的事情。

　　当他们在工作中遇到越来越多这样的事情之后，他们也会成为学习大军中的一员。而且，对于当时不懂的问题，比起学生时代刚接触这些问题时，如今的他们，应该已经有了从全局俯瞰问题的能力。

我是在30岁之后才出国留学的。因为出国后不得不面对大量与精神分析有关的英文，我也曾在事前为此苦恼过。但是，在真正去做的时候，我才发现事情并没有我想象的那么困难。虽然当时距离我大学毕业已经有十多年了，但当我开始阅读英文文献时，大学时的英语语感也开始慢慢苏醒了。

虽然刚开始我必须一边查字典一边阅读，但渐渐地，我开始不再需要字典，并且完全不觉得阅读英文文献是一件辛苦的事情。虽然无论如何努力，我的听力也达不到英语母语者的水平，但如果提前阅读资料的话，在听英语演讲时我也能渐渐把握其大致内容了。

重新学习自己之前擅长的科目，会比之前学得更好。而且，经验会成为我们的伙伴。所以，即使是自己之前不擅长的事情，重新学习之后也可能会收获意想不到的成果。

如果你在学生时代有自己所擅长的事情，那么重新挑战自己当年擅长的事情本身也是一件非常有价值的事情。所以，请大家一定要试着挑战一下。

！具体的行动

重新学习之前学过的内容，可以比之前更快地理解。所以，从自己曾经做过的事情中，寻找想要再次挑战的事情吧！

020 | 活用问题意识

如果能深挖平时不满的根源，会更容易深入学习

对于时间有限的上班族来说，"学什么"是至关重要的。如果失败的话，虽然不至于说是白白浪费了时间，但可能会无法充分发挥自己所学的内容。

寻找学习主题的方法之一就是"**深入研究自己平时不了解或不满意的事情**"。

假设，你对职场中的人际关系心存不满。那么，你可以以此为出发点，学习心理学或者组织论。总之，因为这是你从自己的角度出发而选择的主题，所以应该会更容易理解，甚至会因此学到更多的东西。

或者，假设你对公司下达的业务命令有所不满。当你想涉足的领域和公司想涉足的领域产生了分歧时，不要一味逆来顺受地服从命令，而要认真思考"为什么我想涉足这一领域"，并试着去调查它的市场前景。

当你向上司提出自己的设想时，基于调查的设想将会更有说服力。即使公司最终没有采纳你的建议，你也可以在这个过程中理解为什么公司要选择另一种方案，而且还可能会给上司留下

"工作积极性很高"的印象。

总之，对于自己不满意的事情，有必要思考它的解决对策，在这个过程中，你也可能会有新的收获和理解。

所以请大家务必将自己感到不满意的事情记在手账或笔记本上，然后思考其中是否有值得自己学习的内容。我相信，你们一定会从中找到许多值得学习的主题。

"虽然一直要求缩减成本，但公司究竟是如何考量销售额和利益之间的关系的？"

"虽然一直倡导工作方式改革，但真的有对于员工和公司而言都能感到快乐的工作方式吗？"

"和同事之间的关系并不是很好，从大局出发该怎么做才好呢？"

不要仅仅将不满停留在发牢骚的程度，如果能从不满中发现可以学习的主题，周围的人应该也会感到开心。

具体的行动

从日常生活出发，思考自己对于哪些事情持有不满或问题意识，然后对其进行深入研究并活用研究成果。

021 | 该不该考取资格证
如果不详尽地讨论效果，时间就会被白白浪费

　　小学的时候，我总是无法集中精力听讲，经常在课堂上站起来或者在教室里走来走去。当时，我的母亲这样对我说："你和其他人不一样，所以你将来不能去公司上班。医生也好，律师也好，你如果不考个资格证的话，将来会很难在社会上生存。"

　　既然我与其他人不同，为了能在社会上生存，我就只能努力学习了。

　　就这样，这件事情成了我开始学习的原动力。在"选择适合的主题"这一节中，我也曾提到，我之所以选择成为一名医生，是为了将来能够拍摄自己喜欢的电影。即使发生了许多与医生有关的不好的事情，医生这个职业如今依然人气高涨。但由于医师资格是国家层面的资格，其组织机构是由国家来把控的，所以也不能完全说是永远的铁饭碗。

　　在取得资格之前，需要付出大量的时间、金钱和劳力。能否在取得资格之后得到一份收入与之相匹配的工作，也因此成了关键。特别是对于已经工作的人们来说，如果为了考取某资格而不得不离职的话，那么他所承担的风险是巨大的。

之前，我曾在《成人的学习法》（『大人のための勉強法』）一书中写道，虽然教师资格证很难考取，但与之相对的是，当时几乎没有学校需要招聘教师。

在那之后过去了20年，如今招聘教师的需求有所增加，但需要教师们完成的工作量也增加了许多，甚至教师这一职业已经成为"工作繁重"的代表性职业。如今，考取证书、取得资格的意义已经和以前不同了。

特别是对于已经工作的人来说，**我建议，当你们在考虑考取某个资格时，能认真思考这几个问题：取得资格之后能否将其活用到我今后的工作中？我是否能承担得起为考取资格所花费的时间、金钱和劳力？**

当然，肯定也有将"为了考取资格而学习"作为兴趣爱好的人，对于这些人来说，就请放心大胆地去备考吧。在考取了几个看似没有关联的资格证书之后，如果能将其很好地结合在一起，很可能会因此发挥出连自己也意想不到的能力。

总之，试着去了解自己可能感兴趣的资格，是一件很好的事情。所以，去收集相关的信息吧！

！ 具体的行动

在为了通过资格考试而进行学习时，意识到"如何去做才能真正对我有帮助"之后，再开始行动吧！

022 | 缺乏热情的原因
男性荷尔蒙分泌不足，学习热情就会降低

由于年龄增长而导致记忆力下降的情况是几乎不存在的（除了阿尔茨海默病等）。关于这一点，在第三章中我也会进行详细的介绍。当你觉得自己记忆力低下时，大多数情况下是因为你的学习方法出现了问题。但与之相比更为突出的问题是：缺乏热情。比如懒得动脑、懒得走路等。

人们在年轻时几乎不会意识到自己这种缺乏热情的状态。造成这种状态的原因是前额叶的老化以及男性荷尔蒙的减少。特别是男性荷尔蒙的减少会对这种状态产生直接的影响。睾丸素是一种具有代表性的男性荷尔蒙，它会直接影响人的积极性、精力、注意力、判断力、攻击性、好奇心和人际交往。虽然存在个体差异，但通常从45岁开始，男性荷尔蒙的分泌量会减少。

前额叶还掌管着人类的情感控制、积极性和创造性。因此，如果前额叶老化，人会陷入无法控制情感、无论做什么都提不起干劲儿的状态。当前额叶老化与荷尔蒙减少同时发生时，会更快地加速人的衰老。

那么，有什么可以预防衰老的方法吗？虽然也有通过服用药物来维持男性荷尔蒙的人，但对于大多数人来说，注意改善日常的饮食习惯即可。

男性荷尔蒙的原料是胆固醇，**所以对于中老年人来说，积极摄取肉类食物可以在一定程度上维持男性荷尔蒙。**

虽然也有人认为抑制胆固醇的摄入可以降低心肌梗死的风险，但在日本，因心肌梗死而死亡的人数远低于欧美。所以，不要过度抑制胆固醇的摄入是更为明智的做法。

前额叶在处理无法预测的事态时会变得活跃。如果总是重复相同的事情，则会迅速衰老。**所以哪怕是很小的事情也可以，每天有意识地去做一些改变吧**。比如，可以每天去不同的饭店吃午餐，也不失为一种好的方法。虽然现在由于新冠病毒的影响很难实现这一点，但可以从自己平时上班携带的便当入手，做一些改变。

定期对自己的生活进行审视：是否每天都在做同样的事情，是否每天都在过着没有丝毫变化的生活。

主动使自己的生活发生变化，能够预防前额叶的衰老，延迟老化。这就是保持年轻的秘诀。

具体的行动

维持男性荷尔蒙需要适度的刺激。补充肉类食物的摄入，并有意识地使自己的日常生活发生改变吧！

023 | 避免三天打鱼，两天晒网
养成学习的习惯后，不学习时就会感到不安

也许有很多人就算现在想开始学习，也会担心自己会不会三天打鱼两天晒网，无法坚持下去。我相信有很多人有过不止一次这样的经历：在刚开始学习时，花了很多钱买教科书，但却没能坚持下去，既浪费了时间也浪费了金钱。

如果突然给自己设定很高的要求，就会难以持续下去。可以慢慢来，首先，不要让自己觉得学习是一件辛苦的事情，要相信自己"这种程度的任务，我明天也可以做好"。

此外，最重要的是**"第二天也要继续学习"**。哪怕只学一会儿也没关系。如果前一天是在早晨学习的，那么第二天也最好在早晨学习。总之，最重要的是要在同一时间段进行学习。在这样日复一日的坚持中，学习就会渐渐成为习惯。在养成学习的习惯后，如果哪天没有学习，你的心情都会因此变得糟糕。

也许有人会想："真的能那么顺利地进行下去吗？"那么，请试想一下刷牙的习惯吧。我想，大多数人都并非是因为在意识到某种必须刷牙的理由之后才去刷牙的。当然，确实有各种各样需要刷牙的理由，比如为了不长蛀牙、为了避免因为口臭而和周围的人产生不愉快。但是，在你意识到这些理由之前，如果你不在每天习惯刷牙的时间刷牙，会不会莫名地觉得心情不佳呢？

这是因为，刷牙已经成了你的习惯。当某件事情成为习惯之后，如果不去做，就会有种心里不痛快的感觉。所以，如果你能将学习变为习惯，你就会每天都抑制不住地想学习。

为了避免三天打鱼，两天晒网，最重要的是**要有意识地将学习变为习惯**。也许有人会觉得这很难做到，那么就不要在刚开始学习时给自己设定不现实的目标。从小的目标开始，迈出"一小步"。比如，先试着坚持学习四天怎么样？在拥有了比"三天打鱼两天晒网"多学了一天的自信之后，再试着以坚持学习一周为目标，像这样逐渐提升对自己的要求。

在日历上记下自己坚持学习的天数，当你回过头翻看日历时，也许就会发现自己已经养成了学习的习惯。"坚持也会成为一种力量"。

！ 具体的行动

在养成学习习惯之前需要跨越"不想学习"的障碍。这可能会有些辛苦，但请一定要做好准备，坚持下去！

024 | 一小步

设定一个小目标之后，就会明确自己能做的事情

在这一节中，我将会对上一节中提到的**"一小步"**进行详细的介绍。

拥有一个远大的目标，是一件十分重要的事情。但是，如果一开始就把"一口气登上山顶"作为目标的话，通常会瞬间感到疲惫无力，并因为长时间无法接近目标而受挫，失去干劲儿。

比如，最近掀起了马拉松的热潮，但跑完全程马拉松的难度很高。当有跑在前面的人进入你的视线时，你可以以他为目标努力向前追赶；但如果你看不到跑在你前面的人，就会失去向前追赶的目标和动力。

因此，试着将一个大目标分解为几个小目标。假设你将学习的最终目标设定为：为了能通过考试，读完整本教科书。假设教科书有200页，在你好不容易读了10页之后，却发现还有190页要读。这样一想，就会瞬间失去干劲儿。

那么，如果不那样做，而是每天只迈一小步，设定一个"每天读5页"的小目标之后，会怎么样呢？如果你读了7页，你就会因为自己超过了每天读5页的目标而感到欣喜，不是吗？将超过

"一小步"的部分看作自己的"存款"，存款增加，自己的心情也就会因此变好。

此外，事先准备好达成目标后的"报酬"，也就是"糖"，会更有助于学习。但是，如果制定的目标难度太高，那么即使是再有魅力的"糖"，你也不会有想得到它的心情。

对于在平时的考试中只能考50分的孩子来说，即使你对他说，"考到100分，我就带你去国外旅游"，他也会因为差距太过悬殊而没有动力去做。因此，**不要准备太大的糖，只需要一小块糖就可以了**。

比如，"把这本练习册做到某一页，就去喝喜欢的咖啡""下一次考试能提高10分的话，就去吃牛排"，在每个小目标前，为自己准备一个小的奖励，会更容易坚持下去。

具体的行动

以最终的目标为参考，设立几个小目标，如果能实现的话，就奖励一下自己，让自己开心一下！

025 | 互相帮助的伙伴
拥有学习伙伴，可以互相帮助和勉励

在之前的章节中，我曾建议大家自学。虽然与本节可能会有些矛盾，但我同时也建议大家寻找学习伙伴。

之前我建议自学是为了能让大家发现自己的强项，所以，如果能拥有可以和自己一起提升强项的伙伴，也不失为一件好事。在上一节中，我曾写道，"如果看不到跑在你前面的人，你就会很难坚持跑完马拉松"，将这句话换个角度来想，就是：有能够一起并肩学习的伙伴或者对手，可以激发我们的学习热情。

此外，学习伙伴还能为我们讲解我们不懂的知识或与我们针对学习方法进行讨论，互相支持、互相鼓励等。

在初高中的时候，你应该也有这样的朋友吧：一边说着"我平时完全不学习"，一边私下偷偷学习并取得了很好的成绩。也许你会觉得这样的人很厉害，但是当他们长大成人之后，即使向周围隐瞒自己正在学习，也不会得到什么好处。

也许会有人担心，如果被周围的人知道自己正在学习，可能会被他们妨碍。但如果只是邀请你出去喝酒这种程度的妨碍，那么直接拒绝就好了。当周围的人知道你在学习之后，比起可能

会妨碍你，愿意施以援手的人会更多。但如果你所在的职场环境
是：当别人知道你在学习之后，会嫉妒甚至讨厌你，那么趁早辞
职也是一种办法。毕竟远离糟糕的职场氛围是明智之举。

**另外，当你和别人公开谈起自己正在学习之后，就没办法
随意地放弃了**。戒烟和学英语也是一样的道理，如果你告诉周
围的人你要戒烟或者学英语，但却没有做到的话，就会觉得自
己很丢人。

为了将自己逼入这种不得不去做的处境，将自己的目标大胆
地告诉别人，也是一种方法。

如果想结交更多的学习伙伴，不要仅仅将目光局限于公司内
部，试着去参加那些已经开始学习和已经取得学习成果的人们所
在的团体，在这些团体中结交新的伙伴。**向学得很好的人请教学
习的秘诀和选择参考书的方法是最好不过的**。在和他们交流的过
程中，你也会有更多的机会去了解"如何才能学好"。此外，这
也有利于扩大你的人脉。

具体的行动
有意识地联系与自己学习同一领域的伙伴并寻找志同道合的
学习团体吧！

026 | 找个老师

如果有以其为目标的人，可以从那个人身上学到很多

我建议大家在选定学习的主题后，去选定那个领域的"老师"。如果是在读工商管理硕士或者双重学籍的人，在学校就有老师教；如果是自学的话，也需要为自己找一个"**老师**"。

可能有人会觉得，明明是自学，却要找老师，这难道不矛盾吗？但其实我想表达的是：不需要在头脑中也保持"自学"。在你感兴趣的领域中，如果能将"老师"作为目标和先驱者，会更有利于激发你的学习热情。把谁当作老师是你的自由。即使在现实中没有见过面，你也可以称他为自己的老师。

作为指导自己学习的角色，选择老师是非常重要的一件事。那么，该如何选择自己的老师呢？在选择老师时，很重要的一点是"**能通俗易懂地讲授基础知识**"。如果是学习精神分析，就选择能通俗易懂地讲解精神分析基础的人作为自己的老师。

没有必要根据老师的头衔或身份地位进行选择，这样的选择方法大多都是失败的。即使有很好的头衔，如果在取得头衔之后不努力的话，或者在指导你时不尽心，也没有任何意义。"有头衔"和"教得好"，这是两码事。去找那些在你读了之后觉得醍醍灌顶的入门书籍的作者，或者能写出通俗易懂的讲义的人，让他们当自己的老师吧。

第二个重要的点是，"能为你提供不同于一般常识的观点""能让你从与常识不同的角度进行思考"。

当然，第二点需要建立在你已经掌握了该领域的基础知识之后。如果只知道常识类的事情，在与他人进行交谈时，光是想要跟上对方的谈话内容就已经能让你筋疲力尽了。在今后的时代，你需要知道别人不知道的事情，有不同于常人的想法。

因此，只需选择有独特观点的人作为自己的老师，便可以发挥出自己的独特性。因为之后只需要模仿老师就可以了。

可能有人会担心，如果太有个人特点，会不会被周围的人讨厌或者给自己树敌，因而选择了平淡无奇的老师（或者谁也不选）。但是，这样压制自己的情感和想法，能让自己在学习中获得快乐吗？如果你当初是为了解放受到压制的自己才开始学习的，那么就无须害怕自己会被讨厌。去质疑常识，拥有属于自己的观点吧！

！具体的行动

阅读入门书籍，如果能发现通俗易懂的书，就多买几本同作者的书阅读吧！

027 | 学习可以保持年轻

学习可以防止"情感的老化"

如今，日本进入了前所未有的超高龄社会。如果人生有100年，那么只在最初的20年学习是远远不够的，这种道理自然不言而喻。就算是为了现在的生活，也必须重新开始学习。

此外，随着平均寿命的增加，"怎样才能更好地度过晚年生活"也成了经常被讨论的话题。即使好不容易获得了地位、名誉和财产，但如果因为生病而降低了生活质量，就无法安度晚年了。所以，"如果可能的话，想一直拥有健康的身体"才是大家的真心话吧。

特别是如今人们对于阿尔茨海默病的恐惧与日俱增。对于脑血管疾病的预防，医学上已经有了一些方法。所以，应该尽可能地想办法预防由于不使用大脑而引起的老化。

那么，该怎么做才好呢？**实际上，通过学习，可以防止大脑老化。**

以身体为例，年轻时即使因为生病或受伤而卧床几个月，之后也很容易恢复过来；但对于老年人来说，即使仅仅是因为流感而卧床休息一个月，也有可能会因此导致腿上的肌肉萎缩，并从此行动不便。

大脑和身体是一样的。在上了年纪之后，如果既不读书，也不和别人交流的话，大脑受到的刺激就会变少，并可能会因此患上阿尔茨海默病。但是，可以通过学习刺激大脑，预防大脑的老化。

说起大脑老化，人们往往会联想到的是知识或思考力的不足。但其实，更容易受到影响的是感情方面。这是因为，大脑萎缩是从掌管感情变化的前额叶开始的。

缺乏感情变化会降低人的积极性，而且，如果不使用大脑，身体也会渐渐不能动弹……与之相关的负面连锁反应会接连不断地出现。所以，必须预防情感的老化。学习，特别是学习自己喜欢的事情可以有助于预防情感老化。

比如，去参加函授教育也是一个不错的选择。在学习的过程中，可以遇到各个年龄段的人。通过接触年轻人，可以使自己保持一个年轻的状态。在工作的间隙，寻找自己喜欢的主题吧。

具体的行动

不使用大脑会使掌管感情变化的前额叶发生老化。所以，在日常生活中，可以有意识地去使用大脑，并不断地去认识新的人。

028 | 学习可以保持健康
多动脑可以延长寿命

可能大家一时之间会难以相信"享受学习，可能会延长寿命"。我已经在很多书中讲过下面这个例子了。荷兰阿姆斯特丹自由大学的学者们曾将居住在阿姆斯特丹郊外55岁到85岁之间共2380名男性和女性作为研究对象，对四年后他们的死亡率进行了调查。

学者们针对可能影响死亡率的因素进行了分析，最终结果表明，对死亡率影响最大的仍然是年龄。

年纪越大，死亡率越高，这是理所当然的。但第二名影响死亡率的因素是对于信息的处理速度（字母表的排序）。在这项测试中，排名靠前的1200人在四年后的死亡率是其余排名靠后的1180人四年后死亡率的三分之一。

此外，在流动性智力的测试（一种智力游戏：给被测试者展示一幅有缺损的图，让他们从众多图形中选出与缺损部分图形相一致的图形）中，也呈现了同样的结果。排名靠前的小组成员的死亡率是排名靠后的小组成员死亡率的一半以下，这个差距超过了是否患癌所造成的死亡率差距。

　　此外，让人感到意外的是，学历的差距几乎不会对死亡率产生影响。在分别对初中毕业、高中毕业和大学毕业的人进行调查之后，结果显示，初中毕业的人死亡率略高。但是，造成这个结果的主要原因是参与调查的初中毕业人群的平均年龄较高。因此，如果是相同年龄，学历对于死亡率的影响是微乎其微的。

　　虽说如此，但认知能力的差距会对人的寿命造成影响，这是怎么一回事呢？

　　说实话，与年轻时是否努力学习相比，更重要的是在结束校园生活后是否能继续学习、在上了年纪之后是否能保持自己的智力水平。

　　一提到保持健康，人们往往会想到运动、体育等。**但是，过量运动可能会使身体产生不可逆的损伤，所以作为医生，我不建议大家过量运动**。可以在早晨起床后在身体可承受的范围内进行适量的运动。**比起运动，学习才是长寿的秘诀**。记住这一点，将会对你有百利而无一弊。

! 具体的行动

在上了年纪之后进行学习，有助于保持健康的身体，甚至可能延长寿命。去文化中心参观学习或者参加市民讲座都是一个不错的选择。去寻找能让自己收获快乐的学习主题吧！

029 | 情商的重要性
提高情商，更有助于学习顺利进行

在很久以前，大概是20世纪末的时候，有这样一种说法："智商高的人性格很差，情商更为重要"。之所以会有这样的说法，是因为当时的媒体宣传"只顾备考学习的学霸们，不懂得体谅他人的心情"。

但是，稍微想一下就会明白，**高智商和高情商并非无法并存，可以同时提高两者的水平**。就连最开始对情商进行详细介绍和说明的丹尼尔·格尔曼（Daniel Goleman）也没有否定智商，他只是希望人们能重视有关情商的教育。

情商的要素有以下五点：正确了解自己的感情；能控制自己的感情；乐观地看待事物；了解他人的感情；社交能力。

人们普遍认为，智商会随着年龄增加而降低，情商会随着年龄增加而提高。"积累人生经验，能提高自己的情商"。

但是，实际情况却与之相反。人的智商不会随着年龄增加而降低，但是人的情商在40岁之后会有降低的倾向，这可能与前额叶的萎缩以及荷尔蒙的平衡等有关。能认识到这种倾向的存在，就已经与他人很不一样了。"积累人生经验，能提高自己的情商"实际上并非是自然而然发生的事情，而是在你有意识地想提高自己的情商之后，才能在积累人生经验的过程中有所收获。

不管怎样说，**高情商对于学习也有很大的帮助**。如果你能很好地控制自己的感情，就会更有利于学习的顺利进行；如果你有较强的同理心和交流能力，就会更容易结交朋友。

在学习时，如果有越来越多的朋友支持和帮助自己，会更有利于自己的学习，这一点应该不难想象。虽然也有可能会因为聊到兴起而和朋友们出去喝酒，但是对于成年人来说，这种放松和休息也是非常必要的。

虽然可能会觉得有些"贪婪"，但是，以同时提高智商和情商为目标进行学习，是明智的决定。倒不如说，在学习时，恰好需要这种"贪婪"的想法。

！ 具体的行动

为了同时提高智商和情商，请在保持好奇心的情况下，去各种不同的场所，和不同的人交流吧！

第三章

提高学习和记忆效率

030 | 人在成年后仍可增强记忆力
通过不断复习，无论经过多久，记忆效果都不会变差

人是在什么时候会觉得自己上了年纪呢？有可能是在外貌发生变化或者体力开始衰减时。但大多数人应该是在自己想不起人名时才会这样觉得。

现在，可以通过在手机上保存电话号码或者活用扫描软件来弥补自己记不住人名的缺憾。但是，还是有很多人会想不起人或事物的名字，而只能在说"他、他""那个、那个"时，发觉自己已经衰老。

实际上，**记忆力并不会随着年龄增加而减退**。这是怎么回事呢？人之所以能记住年轻时学过的知识，很大程度上是因为在学完后进行了反复复习或者在学完后也一直在使用这些知识。

我在其他的书中也曾多次介绍过"艾宾浩斯遗忘曲线"。具体是指遗忘在学习之后立即开始，而且遗忘的进程并不是均匀的。最初遗忘速度很快，以后逐渐缓慢。

因此，应该有很多人都有过这样的经历吧？在学习后立刻进行复习，几小时后再抽出时间复习，几天后再抽出时间复习。不断重复这个过程之后，就能很好地记住学过的内容。而年龄的增加则几乎不会影响人的遗忘速度。

那么，为什么人在上了年纪之后会觉得自己记不住事情呢？有两点原因。第一，是因为没有进行复习。如果你认为第一点有道理，就再去复习一下你认为重要的事情，怎么样？复习之后的内容一定会留在你的记忆中。第二，可能并非是记忆力降低，而是积极性降低了。在和许多人见面的过程中，即使遇到新的人，也不会像以前一样对其有深刻的印象。这可能是因为你对自己为了记忆人名和特点而付出的努力感到了疲惫。

此外，**随着年龄增长，比起单纯地记忆，人们会更擅长记忆有意义的事情**。这是因为，比起具体的数字，有意义的事情更重要也更容易被记起。和附加的知识一起记忆的话会更有效果，这种记忆被称为"联想记忆"。

！ 具体的行动

因为并非是记忆力自身减退，所以，通过对想记住的事情进行复习或者联想记忆，来记住它们吧！

031 | "识记""保持""想起"
记忆的过程分为三个阶段

记忆的过程可分为三个阶段，在专业术语中分别被称为"**识记**""**保持**""**想起**"。

在"识记"时，没有太多深入思考的机会。所以人们往往会认为，"识记"只是单纯地对事物进行记忆。与此同时，负责使记忆的内容停留在大脑内的"保持"也有十分重要的作用。

你应该也有过这样的经历吧？某个明星或旧友的名字明明就在嘴边，却怎么也想不起来。这就是"想起"部分产生了障碍。这种情况如果一直持续下去，就会给人一种"我年纪大了"的感觉。那么，为什么会出现这种情况呢？明明在大脑内的某个地方很好地保持着对那个名字的记忆，却怎么也想不起来。直到听见别人说起那个名字时，才会恍然大悟，"就是他！就是他！"

实际上，之所以会出现这种情况，与其说是因为"上了年纪"，倒不如说是"记忆在逐渐衰老"更为贴切（总之，如果要说"难道不是因为时间在流逝吗"，那确实是这样），接下来我将会对此进行说明。

人类的记忆一旦产生，就不会轻易地消失。因此，这个使人类能想起保存在大脑内记忆的"想起"功能，实际上是非常重要的。

顺便说一下，"想起"分为"再生"和"再认"两种。比如，当你乘坐电车，眺望窗外的景色时，突然想起之前在其他地方也见过类似光景。这是自由地浮现在大脑中的记忆，所以是"再生记忆"。

"再认记忆"则是指当过去的经验或识记过的事物再次呈现在你面前时，你仍能将其辨认出来。一般来说，再认记忆能否正常运转，与记忆力的好坏息息相关。

因此，为了能使再认记忆正常运转，需要有意识地去了解记忆的过程，并使用一些技巧使其顺利地发挥作用。这样一来，记忆力就会有所提升。

具体的行动

要想顺利地想起曾经记住的内容，需要认真地了解记忆的构造。

032 | 记忆的方法①
理解之后就会很难忘记

　　"识记"有两个要点，分别是"理解"和"注意"。在这里，我将对"理解"这一要点进行说明。

　　就像我在上述章节中所讲的那样，人们随着年龄增长，比起单纯地记忆，会更擅长记忆有意义的事情。因此，即使单纯记忆的能力有所下降，与自身经历和理解有关的记忆力，仍然可以提高。通常来说，人类能够很好地记忆自己已经理解的事情，但对于自己没有理解的事情却很难记住。

　　比如，为了通过某项资格考试而学习，如果学习的内容是自己在学生时代没有学过的领域，那么就会很难记住这些知识；如果自己在学生时代曾经上过相关的课，就会很容易记住。

　　如果能理解所学的知识，那么即便是刚开始觉得无聊的主题，你也能在学习的过程中渐渐对其产生兴趣。这样一来，你就会觉得"学习是一件有趣的事情"。

　　在意识到学习的必要性之后，去搜寻通俗易懂的书籍，去拜人为师，或者去适合自己的学校读书，都是很好的方法。虽说是"记忆"，但也并非是让你不管三七二十一地将学过的内容背下来。理解之后再去记忆，才是捷径。

理解是记忆的第一步。爱面子、不懂装懂都是不可取的。随着年龄增长，有些人会避开通俗易懂的入门书籍，不懂的问题也不会主动去问别人。（顺便说一下，最近面向初高中生的知识类书籍在成年人中也很受欢迎，这对于学习来说是一件好事。）

但是，随着年龄增长而产生的记忆力下降，其原因其实是基础知识的欠缺。

"涂抹学习法"作为衡量理解程度的学习方法，是指在重要的地方用笔涂抹，将其全部遮盖，之后在回看时确认自己是否能想起来。在涂抹之前，可以用手机将书中的内容提前保存下来，然后在学习的过程中慢慢增加涂抹的地方。

当整本书都被涂抹后，你却依然能凭借记忆"复原"书中的内容时，就说明你已经很好地理解了这本书的内容。到这时，你应该连书中重要的句子也能清楚地记住。

具体的行动

开始学习时，不要爱面子、不懂装懂，去买简单的入门书籍吧！

033 | 记忆的方法②
兴趣可以使记忆过程更轻松

接下来我要介绍的是"注意力"。在第二章中，我对学习目的的重要性进行了说明。令人感到不可思议的是，**在拥有学习目的之后，可以自然而然地对学习产生兴趣。**

这是因为在拥有学习目的之后，会把学习当作自己的事情认真对待。大脑只有在像被按下开关一样开始运转之后，才能渐渐掌握与自己的学习主题相关的信息。

相反，如果没有明确的学习目的，就无法集中注意力，大脑可能会因此无法抓住重要的信息并使其停留在记忆中。人类可以很自然地记住在自己注意力集中时所学所见之事，反之亦然。

"注意力"到底有多重要呢？加藤昌治在他的畅销书《创意的利器：工具》一书中介绍了激发创意的方法。其中有一种方法叫作"色彩浴"。

"色彩浴"是指有意识地在某一天内只关注所见景色或事物中的某种单一颜色（此处以红色为例，也可以是其他颜色）。这样一来，就可以注意到平时在不经意间被自己忽视的事物。在改变观察的颜色或景色之后，又会有新的不可思议的发现。这个例子完美地诠释了：如果能有意识地使用注意力，就可以将其变为自己的"武器"。

而且，"注意力"可以细分为两种。一种是自然而然的关心，另一种则是强迫自己集中注意力。（"色彩浴"可以说是通过有意识地让自己的注意力集中于某种特定颜色，来唤醒自己之前没有注意到的"兴趣点"。）

如果能对某事产生兴趣，就可以长久且愉悦地记住与之相关的信息。所以，首先，去寻找自己感兴趣的事情吧！

如果让我教不擅长历史的考生学习历史，首先，我会通过历史连续剧或历史动漫等方式，让他先对历史产生兴趣。

也许有人会认为电视剧是艺术加工的产物，其剧情可能会有与事实不符的情况，所以不适合用来学习历史。但是，首先，要让学生对历史产生兴趣，这是最重要的。可以在学生对历史产生兴趣之后，再为他讲解历史上的真实情况。**只有发自内心的喜欢，才会主动学习与之相关的知识。**

！具体的行动

即使是一开始认为枯燥无味的主题，其中应该也会有某个你所感兴趣的点。在你想学习的事情中，找出你感兴趣的那个点吧！

034 | 记忆的方法③
在大脑中形成印象，可提高记忆效率

在上一节中，我曾指出，在对某事物产生兴趣后，会更容易记忆。但是，人类对于感兴趣的事物，是怎样记忆的呢？举例来说，如果是历史人物的话，可以结合其时代背景、人物出身、以何种目的做了何事等各种附加信息一起记忆。

是的，**在进行记忆时，重要的不是记住"名字"而是记住信息的"本质"，也就是附加信息。**在这个不断记忆的过程中，即使有一瞬间忘记了人物的名字，也可以立刻通过那些附加信息联想起来。

这种思考方式在记人名和地名时也同样有用。

但是，如果附加信息太多，可能反而会让人很难把握该人物或事物的整体形象。

举例来说，假设你和初次见面的人相互交换名片，名片上写着姓名和职务。然后，你和对方进行了一段长时间的交谈。事后，虽然你能记住谈话的某些内容，但可能已经忘记了最重要的一点：对方的长相。

特别是在成年后，人类所接触的附加信息会有增加的趋势。

"品牌"就是一个典型的例子。拿钟表来举例，对于小孩子来说，他们只知道钟表是用来看时间的工具。但当长大成人之后，他们就会去留意钟表的品牌、品牌的历史以及钟表的由来等。

在这个过程中，在个别极端的情况下，他们甚至可能会忘记"钟表"这个词。

虽然为加深对某事物的理解，需要获取多重的信息。但是过量的附加信息会让人对重要内容的理解产生偏差，这不仅会妨碍记忆，还会成为输出信息时的阻碍。

确认并记忆重要的核心信息，去除不重要的附加信息。 这样一来，大脑可以形成对事物的正确印象，并将其记忆下来。

! 具体的行动

在记忆事物名称时，不要单独记忆其名称，而要结合其背景中重要的附加信息一起记忆。

035 | 记忆的方法④
调整好状态之后，更容易保持专注

我在前两节中介绍"注意力"时，也对"兴趣"进行了说明。在这一节中，我将对"专注力"进行介绍。

一般来说，人们对于自己感兴趣的事情，学起来更容易一些。但是也会有这样的情况出现：不得不学习自己无论如何都提不起兴趣的知识；在备战考试时，即使感受不到乐趣，也不得不学习。

因此，专注力就变得格外重要。即使有意识地让自己关注不感兴趣的事情，也很难维持专注力。虽说如此，但如果在考试前，逼迫自己专注地去记忆大量知识，也并非是不可能完成的事情。

成年人学习可能是为了生存、增加自己的收入，所以如果有强烈的动机，也可以提升自己的专注力。

但是，这种方法很难长久。所以，最好还是能找到自己的兴趣点。

此外，虽然在做自己不感兴趣的事情时很难维持专注力，但还是应当尽可能地去维持。

在宿醉、睡眠不足或为其他事情担忧时，专注力很容易下降。

要想保持专注，需要有能够控制饮酒、保持充足睡眠的自律。此外，想看电视连续剧或职业棒球比赛等实时转播时，也会很容易分散自己的专注力。在这种时候，就不要再忍耐了，索性就去看吧，看完之后再学习，学习效率会得到提升。

总之，消除自己对于其他事情的关心是提升专注力的关键。

此外，**身体不适时，专注力也会容易降低**。在这种时候，比起不管不顾地记忆新的知识，复习学过的知识或阅读简单的入门图书可以降低学习的难度，给自己信心，"我并非做不到，反而做得很好"。如果因为身体不适而完全不学习的话，反而会给自己造成很大的压力，所以重要的是要相信自己能做到。

此外，试着将自己觉得难的内容出声地朗读出来，并动手写下它的要点。出声朗读对于提升专注力有很明显的效果，而且，动手写可以进一步增强提升专注力的效果。

具体的行动

在保持身体健康的状态下学习。如果有让你感到不安的事情，就先去解决它。

036 | 保持记忆的方法①
通过复习，可以保持记忆

记忆分为"短期记忆"和"长期记忆"两种。短期记忆对信息的储存时间很短，而长期记忆则可长时间停留在人脑中。

比如，经常会有这样的情况：明明觉得自己已经记住某个人名了，但却紧接着就忘了。这就是短期记忆，如果对其"放任不管"的话，就会立刻忘记。

人类的记忆会不断地被新的信息所覆盖。信息在进入大脑后，会暂时保存在海马体中。之后，被判断为必要的信息会被送去大脑皮层，成为长期记忆；其他不重要的信息，则会被抛弃。

如果想更长久地维持记忆，就需要趁记忆还被保存在海马体时，对其进行复习。也就是说，以此来让大脑将其判断为必要的信息。

最适合复习的时机大致有五次。首先，是在刚学完的时候。以时间为基准来看的话，在刚学完10分钟后进行复习是最好的。通常认为，在大脑输入信息10分钟后，人类的记忆会达到顶峰。

第二次复习的时机是第二天。在这时，即使无法立刻回想起昨天学过的内容也没关系，"啊，昨天明明背过却忘了，这次一定不能再忘了"。在复习时，可以比之前背得更快、印象更深。

第三～五次复习需要在还没忘记上一次复习的内容时进行。至于时机，第三次复习是在一周后，第四次复习是在一个月后，第五次复习则可以在半年之后。

当通过复习将短期记忆转变为长期记忆之后，就可以在无意识的情况下读取记忆了。不过，对于自己非常想尽快记住的东西，可以无视上述的复习时机，在任何想复习的时候复习。

此外，经过反复复习，记忆会在大脑中发生变化，会记住比自己学过的内容更多的信息。

在不断复习的过程中，人类的大脑会开始对已经学过的内容进行组合。这样一来，知识之间可以相互关联并扩展开来。这也可以说是从记忆的领域进入了思考的领域。

在形成思考的网络后，向其中添加新信息也会变得更加容易。

具体的行动

既然好不容易学了，就好好复习，让学过的知识停留在大脑中吧！虽然复习的次数越多越好，但是复习的时间间隔即使逐渐递增也没关系。

037 | **保持记忆的方法②**

每天接触相同的信息，可以保持记忆

在上一节中我曾指出，要想使记忆转变为长期记忆，最关键的是进行复习。在不断复习的过程中，记忆会逐渐地停留在大脑内，所以逐渐延长复习的间隔时间也没关系。但我相信有人会提出这样的疑问：那么，每天都复习的话，效果会更好吗？

如你所想的那样，问题点在于如果复习占据了大量的时间，就会没有时间去学习新的内容。

但是，如果每天都接触相同的信息，与之相关的记忆就能自然而然地停留在脑海中。比如，大家应该都能在不经意间记住上班路上所经过的站点名称吧。**对于自己无论如何都想记住的事情，可以每天都去接触它，这也是一种方法。**

"贴纸记忆法"就是利用了人类能自然而然地记住反复见到的事物这一特性。

就像我在上一节中所说的那样，人类的记忆会不断被新的信息覆盖，古老的记忆会被逐渐掩埋。如果你因此而感到困扰的话，就增加自己和信息的接触次数，让自己能经常地意识到这个信息的存在。在不断重复这个过程之后，大脑就会将这个信息识别为"必要的信息",并让其停留在记忆中。

贴纸记忆法是指在纸上写下自己想记住的信息,然后贴在自己平时经常能看到的地方。需要注意的是,如果贴在平时注意不到的地方就没有任何意义了。

比如,可以贴在卫生间的门和墙壁上、床旁边的墙壁上或者冰箱上,只要是目之所及的地方就可以。在频繁地看到这些信息的过程中,应该就可以不知不觉地记住这些信息。

记忆的秘诀是,**不要太贪得无厌,将记忆对象集中于简单化的信息即可**。如果记忆的知识太多,就会很难抓住其中的要点。此外,为了能更清楚识别其中的要点,可以用不同颜色的笔将其分别标注出来。

当你觉得自己在某种程度上已经记住了这些信息之后,就试着确认一下吧!挑战一下自己能否在看到这些信息之前想起,如果能想起来,就可以把这些已经记住的信息从墙上撕下来,用新的信息替换掉。

不要舍弃旧的信息。在将其积攒到一定数量之后,一口气地复习完,是一种很好的做法。

这种贴纸记忆法实际上是在帮助我们保持每天复习的习惯。因此,这种方法也有可能使我们的短期记忆转变为长期记忆。

具体的行动

写下你认为需要记住的事情,将其贴在每天可以看到的地方。这样一来,可以更方便记忆。卫生间的墙壁、房间的墙壁和冰箱门等都是最佳的选择。

038 | 保持记忆的方法③

在早晨复习，更容易保持记忆

在完成每天的任务之后才睡觉的人，有成为夜型人的倾向。这类人如果想保证睡眠时间，就只能在第二天晚点起床。

但是，最好能有意义地利用早上的时间。理想情况是晚上和早上都进行学习。这并不是要让大家牺牲自己的睡眠时间去学习，而是因为大脑的运转方式在早上和晚上是不同的。也就是说，如果能配合大脑的运转方式来改变学习方法，会更有利于学习。

首先，毋庸置疑的是，**人在越疲惫的状态下，大脑的运转效率越低**。大脑最不疲惫的时间段，就是已经获得了充足睡眠之后的早上。

但是，对于许多上班族来说，早上的时间非常匆忙，光是忙于上班前的准备就已经疲惫不堪了。因此，自然也就无法充分利用在早上高效运转的大脑来进行学习了。如果可能的话，可以试着稍微早起一会儿，以此来保证自己的学习时间。当然，最好也能同时保证自己的睡眠时间，针对这一点，我将在下一节中进行详细的说明。

如果晚上11点入睡，即使需要保证6小时的睡眠时间，那么第二天早上5点就可以起床。假设早上7点半出门，那么最少可以保证1小时以上的学习时间，不是吗？

从被窝中起床，喝杯咖啡，稍微运动一下，然后冲个澡，让每天的生活像这样变得规律起来，不是也很好吗？这样一来，就可以确保早上的学习时间。因为通常大脑在早上都非常清醒，所以一定要学习一些需要使用思考力的内容，比如解解题、读读书……

到了晚上，大脑会有些疲惫，所以可以进行一些记忆型的学习。人类的大脑在晚上睡觉时会对信息进行整理并让其停留在记忆中，所以在睡觉前的时间段里学习一些需要背下来的内容会更好。在夜晚背东西的效率会高于在早晨背东西的效率。

虽说人类的记忆力在夜晚时最好，但如果只背一遍的话，过段时间就忘了也是理所当然的。因此，为了更好地记住晚上背过的内容，最好能在第二天早上进行复习。

在第二天早上复习时，并不是再看一遍就行了。最好能以写下来或者解题的形式进行复习。

复习的时间并非越长越好，时间短点儿也没关系，关键是要确保能腾出时间来进行复习。在复习完前一天的内容之后，再进行思考型的学习吧！

如果自己在很短的时间内也能集中精力学习，应该会很有成就感吧。

 具体的行动

即使没有完成工作也不要熬夜，试着下定决心成为晨型人吧！等到了最后关头时，一定能想出办法完成任务。

039 | 保持记忆的方法④
确保睡眠时间，可提升记忆的效率

最近，随着"工作方式改革"的兴起，人们的加班时间似乎变得比以前少了。而且，与之前相比，同事聚会等人际交往活动也有所减少，所以可能会有很多人觉得现在比之前更容易确保每天的学习时间。

但是，仍然有许多人因为每天要面对大量的工作而无法确保学习时间。在这种情况下，某些有责任感的上班族可能会想通过牺牲睡眠时间来学习，但需要注意的是：**睡眠时间减少，会使记忆力下降。**

如果想踏实地积累学习成果，原则上需要确保6~7小时的睡眠时间。

睡眠在让身体休息的同时，也会缓解大脑神经细胞的疲倦。因此，如果睡眠不足，白天处理了大量信息的大脑神经回路就无法得到恢复。

要想保持健康、记住之前学过的内容，关键是**要使每天的睡眠时间规律起来。**最好能在晚上11点~12点之间入睡。

然后，在第二天早上6点起床时，大脑是一个清醒的状态。保

持这种规律的生活节奏，可以让大脑的机能正常运转，对于专注力和记忆力的提升也有所帮助。

那么，工作繁忙的人该怎么做呢？可以在下班的电车里学习，然后在第二天早上复习学过的内容。总之，想办法在可操作的范围内按照晨型人的节奏进行学习。

我想对于上班族来说，应该也会出现"应酬实在是太多了"的情况。在这种情况下，可以尽可能地少喝酒，或者喝无酒精的饮品。

最近，对于强行劝酒行为的管控很严格，因此在酒桌上的应酬可能会变得轻松一些。

此外，上网也会让时间在不知不觉间流逝了。所以，重新审视自己平时的生活，确保每天的学习时间吧！

 具体的行动

重新审视那些被自己浪费的时间，逐个清除那些妨碍睡眠时间的因素。

040 | 想起来的方法①

对于上班族来说，"想起力"更重要

在此之前，我针对"如何使记忆停留在大脑中"进行了说明。但是，如果不能对好不容易记住的信息进行输出的话，就太可惜了。而且，如果不进行输出，该信息在大脑中的优先顺序也会降低，与之相关的记忆会慢慢变得模糊。

作为上班族，只有将学过的知识运用到工作中，这些知识对你而言才会变得有意义。所以，人们需要能正确回想起已学知识的"**想起力**"。

比如，应该会有这样的人：明明实际上没有那么多知识储备，但却能在演讲或做报告时侃侃而谈，巧妙地"抛出"许多信息，因而被大家认为是见多识广、充满智慧的人。这类人就属于"想起力"很高的人，他们能将自己拥有的知识最大化、最有效果地进行输出。

在考试中，你可能会有过类似的经历，"明明感觉马上就要想起来了，却怎么也想不起来"，但在考试后对答案时，却会有种恍然大悟的感觉，"啊，原来是这么写的"。当出现这种情况时，"识记"和"保持"这两个阶段都已经成功了，只是最后阶

段的"想起"没能顺利进行。

总之,**"以输出为目的的输入"，提高想起力才是关键。**在进行记忆时,一边想着"这个知识是在何时何地如何使用的""和什么放在一起联想记忆会比较好",一边进行记忆吧!

在进入社会、年龄增大之后,"想起力"的重要性也会逐渐增强。这是因为现实情况需要我们基于所获取的知识进行价值创造。

那么,该如何提升想起力呢?重要的是**进行输出练习、彩排,以及多获取有利于输出的附加信息。**

比如,当你想在文章中写些什么时,却放下了笔。当你为"咦?这个是为什么来着"而苦恼时,可以试着回想一下有没有与之相关的必要的附加信息。

在不断重复练习的过程中,可以稳固记忆,并生成适合输出的记忆。

具体的行动

为了提高想起力,有意识地学习输出时会用到的知识吧!

041 | 想起来的方法②

增加输出，会更容易想起

要想提升想起力，关键是要进行输出。这是因为在输出失败时，可以意识到自己哪里不好或不足，并对其加以改善。

但是，如果总是在重要的场合失败，也着实很让人苦恼。所以，需要选择一个"即使失败了也没关系"的场合进行输出练习，也就是所谓的**彩排**。对于学生而言，就是多参加模拟考试，然后在这个过程中解决自己不会的问题。

对于热爱学习的人们来说，大家应该都会为了记忆过程中的"识记"和"保持"而使用单词本或复习教科书吧。但对于"想起"过程的彩排同样重要，比如可以让身边的人当自己的听众，在他们面前进行演讲练习。

有很多人并没有真正理解"彩排"的意义，而是过度依赖于自己的感觉。在"彩排"的过程中，不顺利的地方可以成为思考"为什么会这样"的契机，是因为附加信息不足，还是因为没有整理好传递信息的顺序，答案会很清楚地显现出来。

在记忆信息时，很多人会把几个信息放在一起记忆。**但为了方便输出，需要我们对信息进行排序和整理。**这样的话，当输出

受到阻碍时，我们也可以冷静地回头看看是哪一部分出了问题。

而且，随着输出次数的增加，无论是在解决问题时，还是在做演讲时都不会再怯场。这样一来，可以降低紧张感，提升"想起力"。

成年人通常会认为"越擅长演讲的人越优秀"。所以，多进行练习，积累经验吧。

此外，不要每次都进行同样的输出，而要不断变换顺序和切入点。这样一来，可以给大脑一定的刺激，也可以发现自己理解不足的地方，能让自己在"正式演出"时表现得更好。

此外，我希望大家在进行输入时，能**吸收与自己不同的价值观和思考方式**。这样可以有助于开阔思路。

 具体的行动

为了更好地输出，需要事先进行"彩排"，并让他人点评自己。

042 | 推理训练①

对不了解的事情进行推断，会更容易增长知识

在此之前，我对"如何高效地记忆学过的知识""如何让记住的知识保存在大脑中""如何正确地进行输出"等进行了解释说明。

在学习时，基本上按照这个螺旋形曲线进行就可以。但是，即使能对外输出好不容易获取的知识，可如果仅仅停留在"能够正确输出"的这种程度，一旦发生意料之外的事情，就会难以应对，而且，这样也无法扩展自己的视野。因此，需要我们基于已经获取的知识进行推断。

比如，为了避免和达成约定的对方产生分歧而重新审视自己的做法；在公司里进行工作分配时，不要和同事们吵架。

总的来说，就是**将教训和法则抽象化，然后将其套用在其他事情上**。

比如说，当你去餐厅吃饭时，觉得食物很美味，然后这个餐厅的厨师告诉你，这是因为这道菜中的食材与调味品完美地融合在了一起。然后，你就可以自己进行实践并做出推断。做饭这件事，本身就是一个对自己的想法进行实践的过程。如果做出来的

味道还不错，就说明你的思考过程是正确的；如果不好吃，就可能是做饭过程中的某个顺序出了问题。在这个不断进行验证的过程中，你的知识广度也会得到扩展。

数学训练有助于磨炼人的推断能力。人们通常会认为"数学好的人很聪明"。

这是因为，在数学中所需要的抽象思考以及尝试各种解题方法的态度正是在进行推断。所以，在日常生活中进行数学训练，能提高抽象地思考事物的能力。

！具体的行动

思考从已经获取的知识中可以学到什么。然后，通过数学训练，打磨自己的推断能力。

043 | 推理训练②

讨论多种可能性，对事物的看法会变得多元化

牛津大学的社会教育学家苅谷刚彦教授将人类的思考模式分为**"单一思考"**和**"多元化思考"**。单一思考是指只能从一个角度对事物进行思考；多元化思考则是指能意识到事物有许多面，并尝试尽可能地从多角度对其进行思考。

苅谷教授在东京大学任教时，曾让学生们观看视频，并要求他们在看完之后将感想写成报告交上来。

到了第二周，当他将报告返还给学生们时，他在答题纸的页边空白处写上了A、B、C、D。于是，得到A的学生们都很高兴，得到C或D的学生们则为自己辩解道，"是因为我没好好写。"

但是，当苅谷教授说"我在读大家的报告时，右手随意地从字母表中选了几个字母写了下来，所以这并不是大家的成绩"时，几乎所有的学生都惊呆了。

这是因为学生们一心只把英文字母看作是成绩的象征，而没有考虑到其他的可能性。这就是单一思考。

那么，怎样才能进行多元化思考呢？重要的是，对于世间所流传的一般说法或者伟人所说的话提出质疑：**"真的是这样吗？"**

在读书时，可以一边对读到的内容进行深究，"想不明白""应该也有例外吧"，然后一边做笔记。在这个过程中，自己存有疑问的点会逐渐浮出水面，然后再去寻找可以解答这些疑问的书或老师吧。

在分析现状、预测将来时，**对事物的多种可能性进行讨论，可以帮助我们进行推断练习**。为什么在不同的场合事物的发展会有所不同？应探寻其原因并进行深入研究。

此外，人们在工作中被训或者工作进展不顺利时，往往会陷入单一思考的模式，觉得都是自己的问题。在这里，我并不是主张大家为自己辩解，但是试着进行多元化思考，可以守住自己的内心。

具体的行动

要想进行多元化思考，需要接触各种各样的信息，而不是偏向某一方面的信息。此外，在读书时要多进行提问。

044 | 推理训练③
明确课题之后，解决方法也会随之而来

在学习的过程中，可以对于书中没有直接写明或提及的事情，进行深入研究和推断，但这种方法并不总是最佳的方法。

推断是思考的发散。在很着急得出结论的时候，需要的是结束而不是发散，所以如果只一味地提出发散型的意见，会使讨论很难继续推进。

举例来说，如果只对某件事进行讨论，却不将其总结成企划案，就无法进行商品开发。

解决问题所需要的是，找出亟待解答的问题的焦点。比如说，在大学生入学考试的小论文考试中，考生们在阅读文章时可能会联想到各种各样的事情，但如果不能找出这篇文章所讲的要点，就可能会在考场上失分。

在公司里也是一样，想解决的课题是什么？如果不能抓住要点，对众多解决方案各自的优缺点进行比较和讨论的话，推断的方向可能就会发生偏离，论点就会变得模糊不清。

最近，设计思考和艺术思考等思考方式开始兴起。这些思考方式作为解决"仅凭逻辑思考不能想出办法"的方法而受到瞩

目。但是，通过设计思考和艺术思考所想出来的主意，真的具有实用性吗？实际上，在大多数情况下，答案都是否定的。

只运用单一的思考模式进行思考会产生问题，太过发散的思考方式则不具有实用性。

在数学中也经常会出现这种情况。如果前提条件发生改变，答案也会因此发生改变。也就是说，**如果分情况进行推断的话，能够完成更现实的推断的可能性会更高。**如果设想一种情况，然后对其进行深入研究，那么无论如何重复地进行推断，思想也很难发散。

而且，在进行分情况讨论时，"哪种情况更多""哪种情况会更容易发生"，如果能大致地算出这些比例，就可以将课题具体化。因此，充分了解课题，是十分重要的。

具体的行动

不要不管不顾地进行推断，而要养成在推断前思考"课题是什么"的习惯。

045 | 超认知①

反思自己的思考模式后，周围人对自己的评价也会变高

在之前的章节中，我已经对掌握知识的方法和基于已掌握的知识进行推断的方法进行了介绍。

虽然上述方法的关键是能够使用知识，但也存在不能正确使用知识的情况。这是为什么呢？为什么不能对某种情况做出正确的判断呢？在对这种情况进行分析时，需要客观地以从上向下俯视的观点进行思考，并冷静地做出判断。

想一想自己的判断究竟在哪里出了问题，然后为了能将问题剔除，你需要诚实地面对自己。

像这样俯瞰自己，进行自我反思的过程叫作"超认知"。

自己掌握的知识是否充足？是否被知识所操控？是否被感情所左右？通过进行这些基本的观察，你的推断和思考会变得更加妥当。

因此，超认知其实就是指能够冷静地思考自己现在的精神状态是否使自己的判断产生了偏差。一般来说，就是反思自己的认知方式是否有问题。

特别是在工作时，如果你能以各种形式来反思自己的认知状

态，将会是一件很好的事情。比如，"对于这一主题是否有足够的知识储备""自己的推断是否陷入了单一思考""是否被最近了解的思考方式所影响""是否被感情所影响""是否只想着对自己有利的那一方面"等。

在养成这种自我反思的习惯之后，在自己的身体中就会产生一个进行超认知的自己。

此外，**为了提高自问自答的质量，需要了解与人类自身有关的知识和自己的强弱项。**

了解自己的弱项之后，就可以不去做自己做不到的事情。但是当你拒绝时可能会有很多人生气，所以你要提前预想到这一点，并认真考虑自己的措辞。在这时，也可以显现出你的学习成果。

 具体的行动

意识到超认知之后，可以提高推断和思考的质量。为提高超认知的质量，需要你成为一个有教养的人。

046 | 超认知②

强化自动思考，会陷入思考停滞

如果能意识到"人类的思考、判断和推断会被自身的感情所影响"，就能检测出自己是否受到了感情的影响。**重要的是，了解自己的感情状态和思考模式之间的对应关系。**

比如，痛苦的时候，即使对于进展很顺利的事情也会产生消极的想法；开心的时候，会因为心情太好而看不到事情不好的一面等，在了解了这种思考模式之后，就能意识到，也许现在自己正处于这种不客观的思考状态中。

在有了这种意识之后，会看到自己讨厌的部分，所以可能觉得会有些痛苦。但是从另一个角度来看，我们可以通过改变这种认知模式，来改善自己低落的心情，并消除不安。**在了解自己的认知偏差之后，能够客观地看待自己，并控制自己的感情。**

认知偏差中经常出现的一个例子是，人类会下意识地对特定事物进行"先入为主"的思考。

比如，每当被部长叫到办公室时，都会想"部长是不是生气了"。如果你做了什么失态的事情，部长确实有可能会因此生气；但如果你明明没有任何过失，却仍然这样想的话，这就是之

前记忆的再生。这种下意识地对事情进行思考的行为叫作"**自动思考**"。

"自动思考"会使自己心中不安的感情被随意放大，这种思考方式如果被强化，就会引起恶性循环。

当你产生"部长是不是生气了"这样的想法之后，即使部长只是单纯地因为工作的事情联系你，你也会对此持有一种抗拒的态度。当部长因为你抗拒的态度而感到生气时，你却还以为"果然部长是因为生气才叫我去他办公室的"。这样一来，你的这种下意识的想法会再次被强化。

如果"自动思考"被强化，思考就会停止，在职场中与他人的交流也会逐渐地向不好的方向发展。

但是，"自动思考"是可以被矫正的。要想矫正它，首先要能够意识到"人类天生就有陷入'自动思考'的倾向"。

这样一来，反思自己是不是可能陷入了"自动思考"这件事情就变得十分重要。如果你能掌握这种超认知模式的观察法，就能使自己成为一个情绪稳定的人。

 具体的行动

如果有讨厌的事情，先确认自己是不是产生了认知偏差，陷入了"自动思考"。

047 | 学会控制情绪

如果无法控制情绪，学习就会变得无用

通过学习，可以获得知识、教养和技术，这对于扩展工作和兴趣的范围而言，是一件好事。但是，像这样努力学习的人却经常会突然变成傻瓜。

当事情进展不符合自己的预期时，就会迁怒于人，头脑混乱地说出不经大脑思考的话，因而失去他人的信任，也阻碍了自己将来的发展。

这样一来，迄今为止的努力就全都白费了。这类人虽然在学习上很努力，但却没能掌握可以控制自己言谈举止的智慧。在这个世界上，既有故意扯别人后腿的人，也有即使充满善意但却无法使事情顺利进行的人。在知晓这个情况之后，更应该去思考该怎样规范自己的言谈举止。

控制自己言谈举止的前提是**在知识面前保持谦虚**。在刚开始学习时，不懂的知识很多，纯粹地汲取新知识这件事本身就能让人感到快乐。但之后渐渐地，为了保持"自己比他人优秀"的这种自尊心，就会产生"我已经是专家的水平了，不需要再学习了"的傲慢情绪。能通过学习让自己感到幸福，是一件很好的

事，但如果能运用在学习中获得的知识让周围的人也感到幸福，是更棒的事情。如果你在无法也让他人感到幸福时，能反思"是不是我哪里还学得还不够好"，就能自然而然地在知识面前保持谦虚。

实际的言谈举止方式和超认知有一定的联系，比如，当你被其他人说了之后感到很生气时，立刻反驳并不是一个好办法。**如果你现在觉得很生气，可以进行深呼吸，几秒钟之后再发言**，这样就足以让你冷静下来。这样一来，你不仅可以控制自己的言谈举止，也许还能发现对方的不足之处。

对于学历和头衔等自己通过努力取得的成果持有自信，这并不是一件坏事。但如果沉浸在过去的成绩中，就会无法继续前进。所以，现在也请继续付出必要的努力吧！

 具体的行动

在感到生气时进行深呼吸，等自己冷静之后再发言，这样就可以避开危机。

048 | **提高共情**

提高共情能力，可以拥有更多的学习伙伴

如今，随着自学热潮的出现，有很多人认为学习是一个人的事。但是，拥有学习伙伴能让我们获得精神上的快乐。

拥有学习伙伴之后，学习可以成为你们共同的话题，遇到不懂的问题也可以互相讨论，在难过时也能得到对方的帮助。在结交学习伙伴时，需要注意的一点是，要能与对方产生**共情**。

说到共情，可能有很多人联想到的是以"嗯嗯，是啊"这样的方式来附和对方。当然，这样做也没有问题。但如果仅仅这样做，就可能会演变成"同情"。

以前，曾经流行过这样一句话："如果同情我的话，就给我钱！"很多人会觉得同情这个词带有某种怜悯和高高在上的感觉。所以，不要说"嗯嗯，是啊"，而是说"嗯嗯，我理解你的心情"，以此来表达出自己也有同样的心情，这一点是非常重要的。

比如，当对方想起伤心事时，你和对方一起悲伤，这之中既有共情也有同情；但当对方遇到开心事时，你能和对方一起开心的话，这就不是同情而是共情。

如果能做到不嫉妒他人的成功，并像自己成功一样为他人开心的话，你也能得到来自对方的善意。

至少，你们不会成为敌人。在这种持续共情的过程中，你的学习伙伴也会不断增加。

我经常举的一个例子是学校和补习班中的同学关系。对于考试成绩，同学们肯定是几家欢喜几家愁。但如果因为自己的成绩不如其他同学，就嫉妒对方的话，是不会有进步的。

想一下目标院校的招生人数就会明白，基本上所有学校的招生人数都会比你现在所在班级里的人多。这样的话，如果所有同学都能一起努力提升成绩，大家就都有可能会被自己的目标院校录取。

很多名校都有这样的校风，这和"同甘共苦"的意识紧密相连，并且可以促进同学会等活动的举办。

拥有越来越多的学习伙伴，可以在学习中交换信息，在烦恼时互相帮助。所以，请敞开心扉，说出自己的真心话，来结交学习伙伴吧！

具体的行动

对与自己有同样烦恼和目标的人互诉衷肠，在扩展人脉的同时进行学习。

第四章

利用好你的时间

049 | 时间是挤出来的

在寻求时间时，会发现许多被虚度的时间

在第四章中，我将会对有效利用时间并取得成果的方法进行说明。有很多人即使想学习，也会因为忙于工作和育儿，而觉得自己"没有时间"。事实上，只是一个劲儿地说自己很忙，是不会有任何改变的。

改变的方法大致有两种。

一是，提升单位时间内的效率；二是，寻找时间。在这里，我将首先对"如何找到被浪费的时间"进行介绍。

或许有很多人会隐约地觉得，**应该会有在不经意间被自己浪费的时间**。比如，看手机、上网、在等车时发呆等。首先，能意识到这些被自己浪费的时间，是非常重要的。

作为解决这一问题的方法，可以试着细致地记录自己从早晨起床到晚上睡觉的时间段内，都做了些什么。比如，6点半的时候闹钟响了，但是却又接着睡到了6点40分；在等首班车的时候，用了15分钟，但是却什么都没做；在乘电车回家的路上，睡了30分钟，间歇地看了窗外的风景；回家之后上了1个多小时的网……像这样记录下来之后，应该就可以意识到那些被自己浪费的时间。

在意识到那些被自己浪费的时间之后，就可以从中找出，哪些是可以用来学习的时间，哪些是可以用来工作的时间，哪些是可以用来和家人相处的时间等，时间的可能性会逐渐显现出来。

而且，**如果你真的想学习，那么就算只有一分钟，你也能用来学习**。当看到这句话时，可能会有人会觉得，如果这样紧逼自己，会让自己很累。但是，当你知道一分钟的可能性之后，肯定就不会再这样想了。

一分钟，看起来很短，但其实很长。如果是简单的英文文章，一分钟足够将其读完，甚至还可以顺便记一个英语单词；如果是邮件，一分钟可以读一封邮件，并回复对方。充分利用这一分钟，能帮助你更好地工作和学习。

这样一来，如果你有三分钟，就能做更多的事情了。快速地处理完手中的工作，在剩下的空余时间里好好放松吧！

具体的行动
记录一天的时间流逝，在回顾时就能注意到那些被浪费的时间。

050 | 保证睡眠质量
记录睡眠，则可知晓最佳睡眠时间

也许会有人为了腾出时间学习而牺牲睡眠时间，但就像我在第三章中所说的那样，确保睡眠时间非常重要。所以，不要牺牲睡眠时间，而要在维持睡眠时间的基础上，思考怎样做才能有更多的时间学习。

以前，关于大学入学考试有"四当五落"这样的说法。意思是，如果能牺牲睡眠时间，每天只睡四小时的话，就能成功地考上大学；如果每天睡五小时，就会因为学得不够多而落榜。虽然在以前，这种思考方式已经根深蒂固，但其实这样做的效率会非常差。

睡眠不足会导致大脑始终处于疲劳状态，第二天的工作和学习效率都会因此降低。此外，还会妨碍记忆停留在大脑中。在最近的备考学习中，由于很多人都已经意识到了这一点，所以大家普遍开始认为"睡觉的孩子才会被录取"。

虽说如此，那么每天睡几个小时是最理想的呢？一般来说，晚上11点睡觉，早上6点起床是比较理想的状态。但是，既有像拿破仑一样睡眠时间很短也没关系的人，也有如果睡眠不足就会效率低下的人，因为每个人的情况不同，所以不能一概而论。

所以，**首先，请记录自己一周的睡眠时间**。在清楚自己几点睡觉、几点起床，以及何时身体状态最佳之后，就可以在之后的日子里进行实践。在这个过程中最需要注意的是如何提高白天的效率，而不是每天睡了多久。

也许会有人羡慕那些睡眠时间短的人可以有更多的时间分给工作和学习。但是，换个角度想，能够享受睡眠时间也是人生的一笔财富。让身心都能保持一个良好的状态，这是非常重要的。

此外，最近"**睡眠质量**"越来越受到重视。因此，在精神压力很大的上班族中，也许会有定期去睡眠门诊进行睡眠管理的人。

但其实做不到这种程度也完全没关系。让自己在白天时充分沐浴在阳光下，就可以调节被称为睡眠荷尔蒙的褪黑激素的分泌，改善夜晚的睡眠状态。所以，首先，从能做到的事情做起吧！

具体的行动
在不牺牲睡眠时间的前提下，想办法在不睡觉的时间里腾出时间学习吧。

051 | 午睡

进行午睡，可以更好地利用之后的时间

在此之前，我已经多次介绍了"晨型学习法"的优点。早晨早点儿到公司，在其他人还没来的时候处理好自己的工作，是一件很好的事情。

但是，由于早晨上班的电车很拥挤，最近有些公司为了避开上班高峰，开始把上班时间延后。所以，不能一概而论地说"早点儿去公司比较好"。而且，由于新冠病毒的影响，在家工作的人也有很多。

虽说如此，我还是建议"晨型"的生活方式。如果在早上去公司前有多余时间的话，可以在这段时间里进行学习或运动。或者，整理一下当天的工作流程也是很好的。

要点有两个，一是**根据上午工作或学习的进展情况来讨论该如何开展下午的工作或学习**，二是**睡午觉**。

像上午在办公室工作，下午在外面跑业务的销售岗位的人可能也会有很多，但并非所有人都是这种工作方式。所以，想在下午继续维持工作质量的人，或者想在休息日的下午学习的人，请一定要试着午睡。

特别是如果早上起得很早，自然而然地就会很容易犯困。通过午睡，可以使疲劳的大脑恢复元气，并再次提高工作和学习的效率。一般来说，将午睡的时间控制在20分钟左右比较好。

在家工作的人可以试着在吃完午饭后上床小睡一会儿。睡醒之后，工作效率会有明显地提升。

在办公室工作的人也可以试着趴在桌子上或者在休息空间里小睡一觉。

大脑在有了某种程度的熟睡的感觉之后，就会很难再犯困。

当然，午睡的效果可能会因人而异。但对于我来说，午睡是能让我实现效率最大化的工具。

 具体的行动

保证20分钟左右的午睡时间，可以让自己焕发精神，更好地利用下午的时间。

052 | "学习时长"不等于"学习量"

关注学习量，而非学习时长，可以提升学习效率

在之前的章节中，我已经对寻找空闲时间的方法进行了介绍。在这一节中，我想对"如何高效且有意义地使用时间"进行说明。

一天只有24小时，这是我们无法改变的事实。对于忙于工作的人们来说，将学习时间从3小时增加到6小时是一件很难的事情（积攒空余时间是一种解决方案），但如果想在3小时内学完6小时的内容，还是有可能的。

和田式的"熟记数学法"是指对于思考了一小时也想不出来答案的题目，可以改为用5分钟思考之后熟记其解题过程和答案。这是一种更有效率的做法。假设熟记解题过程和答案需要10分钟，那么一小时就可以完成6道题。这样一来，就可以在很大程度上提升学习效率。

对于成年人的学习而言，也同样需要增加单位时间内的学习量。**重要的不是学习时间，而是能学多少，即学习的量。**

假设你工作很忙，每天能空出的完整时间只有一小时。但是，如果每天只学一小时，就会难以通过之后的考试。但如果你

想因此而牺牲睡眠时间的话，将会是愚蠢至极的行为。

在这种情况下，尽可能地在一小时的时间内多学一些就好了。

对于怎么想也想不明白的问题，最好尽早看答案或者问其他人。假设你在看了答案或问了其他人之后还是不明白，那么你就是"背诵型"的人，去更换一本更简单易懂的教科书。

如果你是"理解型"的人，就再早一些从头做一遍。此外，可以从上班路上的时间和午休时间中挤出复习时间。

选择与自己学习时间相匹配的教科书，或者在明确自己不懂的地方之后去问学习伙伴，都是很好的做法。正是因为只有很少的学习时间，才能想出更多的办法提升学习效率。

！ 具体的行动

学习量比学习时长更重要，所以，不要过度纠结于自己不会的问题，在看完答案之后继续学习吧。

053 | 规划学习时间
如果能把握所需时间，会更容易制订学习计划

　　大家可能也会经常听到"很多人都不能把握自己所需的时间"这样的话。比如明明知道这个工作几分钟就能完成，却用了几小时才完成。但实际情况是怎样的呢？实际上，人们对时间并没有什么正确的概念。

　　那么，写企划书需要多长时间？检查邮件又需要多长时间呢？试着来把握这些工作所需要的时间吧！

　　早晨，有意识地对检查和回复邮件的时间进行计时，就能出乎意料地在很短的时间内完成（因为当你意识到现在正在计时，就不会再慢吞吞地做工作）。像这样，知道单位时间内能做多少工作，也是非常重要的一件事。

　　当然，如果因此而把自己的时间表排得很满，就会失去空余时间。为自己留出娱乐的时间也很重要。如果你觉得自己能做到，你对自己的要求也会自然而然地变高，这也是常有的事。但如果你总是围着工作转，就很难确保自己做其他事情的时间。所以，即使是为了保护自己，也请给自己留出一些空余时间。

　　不管怎么说，**如果能把握时间，就能更容易地找到空余时**

间，并很好地填补时间。试着将这种思维方式运用到学习中，如果你能知道30分钟的时间可以读几页入门书籍，就能更好地制定学习时间表。

比如，在备考资格考试的学习中，从头到尾学一遍需要三个月，能正确地答题也需要三个月。如果你能将从头到尾学一遍的这三个月进行细分，就可以知道每天需要学多少内容，然后将需要学习的量和自己的时间进行比较。

结果可能是既有可以在比三个月更短时间内学完的人，也有需要更充足的时间来学习的人。无论你是哪一种，只要你能知道自己需要多长时间才能学完，就是一件很好的事情。

这样一来，对于自己不知道需要花费多少时间的事情也能做到心中有数了。是的，就是指娱乐的时间等。

不要过度地控制自己的欲望，维持规律生活的前提是不要让生活瓦解。

具体的行动

计算完成某项任务所需要的时间，以此来把握自己工作和学习所必需的时间。

054 | 休息的秘诀

越是擅长工作和学习的人，越会在该休息的时间休息

虽然我一再强调效率的重要性，但是，没有任何浪费地把所有时间排满，也是很难的一件事。如果真的把自己的所有时间都排满，一旦发生意料之外的事情就会难以应对，而且也会因为疲劳而难以做好。所以，为了维持自己的状态，也应该进行必要的休息。

一般来说，人类的专注力最多可以维持90分钟。大学每节课的时长也是以此为参考来进行设定的。一般来说，每隔90分钟左右休息一下会比较好。

在美国，有很多上班族都保持着每工作50分钟之后休息10分钟的习惯。在日本也是，许多大学都是50分钟一节课，也有的学校是45分钟一节课。

最近，有越来越多的人开始在家工作，这样一来，就会在无意中减少每天的运动量。而且，很多人会比在办公室工作时，更加过度地工作。所以，**请一定要进行适当的休息，并多做一些伸展运动。**越是在从事大脑负荷很重的工作时，越应该有意识地给自己留出时间休息。

　　每天的休息很重要，每周的休息也很重要。如果周六周天也给自己排满工作，身心都会感到疲惫不堪。所以，**应该每周给自己留出一天时间休息。**对于无论如何也很难空出一天时间休息的人，我也希望你们能至少让自己休息半天。

　　此外，如果能定期地给自己放个长假，可以更好地转换自己的心情。但也可能有的人更适合零碎的休息时间。无论怎么说，让自己休息是非常重要的一件事。

　　在很长的一段时间里，人们都认为，只有不眠不休工作的人才能称得上是精英。但是，这种做法在现在已经行不通了。

　　现在，越是能工作、能学习的人，越会在该休息的时候好好休息。重要的是张弛有度。今后，人们的退休年龄也会被延长。所以，如果在短时间内就耗尽自己的能量，受到损失的是自己。我希望大家能意识到这一点。

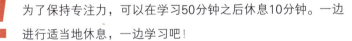

具体的行动

为了保持专注力，可以在学习50分钟之后休息10分钟。一边进行适当地休息，一边学习吧！

055 | 晨型人更有效率
确保早晨的学习时间，能更加有意义地度过一整天

在此之前，我已经多次写道，"晨型人的学习效率更高"。我也曾指出，为了更好地记忆前一天学过的内容，在早上大脑清醒的时候进行学习，效果会更好。但是，也许有人会对此反驳，"如果早上起得太早，下午就会很容易犯困，这样就没办法好好工作或学习了"。

实际上，我原本也是夜型人，所以我完全能理解这种想法。在初中和高中的时候，我经常听录音机到半夜；在年轻的时候，我经常白天忙于工作，晚上和朋友们去很多家店喝酒，直到深夜。年轻时，因为体力充沛，所以也没觉得有什么不妥，而且晚上的聚会可以扩展人脉，获得信息，所以反而会对这件事充满活力。

但是，时代在改变。如今，夫妻双方都工作的家庭在不断增加，再加上公司的经费也逐渐变得紧张，所以晚上聚会的次数已经比之前有所减少。在这样的一个时代里，大家可以更容易在晚上抽出时间学习。但是因为疲于工作，很多人可能会在学习时容易分心（即便如此，我也建议大家抽出时间学习）。

因此，**我亲身地感受到，在感到疲惫前的早晨进行学习是更有效率的**。比如，在早上5点起床，学习两小时之后，也才刚刚7点。如果是周六周天，这一整天都能得到更好地利用。

即使是忙于育儿的家庭，在孩子们起床前的这个时间段里，家长们也可以自由地使用时间。晚上在哄孩子们睡觉时，家长也会容易变困，所以，晚上和孩子们一起入睡也是一种办法。之后，在第二天早晨早点儿起床就可以弥补昨晚早睡所丢失的学习时间了。

关于下午会犯困这一点，通过午睡就可以解决大多数的问题。此外，摄入少量糖分也是一个解决方法。如果晚上感到很累，就停止工作，把工作放在第二天完成会更好。早点儿起床，进行适量地运动，喝杯咖啡……像这样，在决定了睡醒后必须要做的事情之后，更容易形成自己的节奏和习惯。

我在和著名的管理者以及商界人士交谈的过程中，也注意到他们之中的大多数人都是晨型人。早起之后，拥有更多属于自己的时间，也许是通向成功的捷径。

！ 具体的行动

早起之后学习，效率会更高，并且能更有意义地度过这一天。在下午会感到疲惫的人，可以试着进行午睡。

056 | 早餐的作用

不吃早餐会降低学习效率

不仅睡眠的时间很重要，吃饭的时间也很重要。我建议大家，早、中、晚三餐都要规律地进行。

但是，在年轻人中有很多人不吃早饭，这对于学习而言是十分不利的。

是否吃早饭在一定程度上会影响人的专注力。如果吃得很饱，就会容易犯困，所以在肚子比较空的时候学习，效率会更高。但是，如果一点儿东西也不吃，大脑就会无法运转，反而会使学习的积极性降低。

假设早上7点吃早饭，12点吃午饭，晚上7点吃晚饭。在这种情况下，早饭和午饭之间间隔了5小时，午饭和晚饭之间间隔了7小时，晚饭和第二天的早饭之间间隔了12小时。

如果在这种情况下不吃早饭的话，那么从前一天吃完晚饭到第二天吃午饭之间，就足足间隔了17个小时。这样的话，会导致葡萄糖摄入不足，甚至会引发低血糖。

"认真吃早饭的孩子，学习成绩更好"，这一说法经常成为话题。当然，这其中可能也有这样的原因：能让孩子每天按时吃早饭的家庭，对于孩子的教育也会进行很好的投资。

但是，吃早饭的孩子学习成绩更好，这是毋庸置疑的事实。所以，**我认为吃早饭是一件没有损失的事情。**

可能也会有人早上不太饿或者吃了早饭之后就会变困，因而不想吃早饭。关于早上不太饿这一点，可能是因为晚饭吃得太晚，或者起床后身体还没有醒过来。所以关于这一点，在养成晨型生活的习惯之后应该就可以得到改善。

此外，吃早饭后会犯困是由于血糖值的急剧上升。所以，可以通过摄入营养均衡的食物，防止血糖值的急剧上升。而且，由于血清素不足会使大脑的运转情况恶化，容易导致抑郁，所以要有意识地摄入一定的肉类。

此外，为了保持大脑的专注力，扩大两顿饭之间的时间间隔也是一种有效的方法。比如，早晨早点儿吃饭，中午晚点儿吃饭。在空腹的时间里完成学习或工作吧！

具体的行动

早晨早点儿吃饭，养成规律的生活习惯。注意每顿饭之间的间隔。

057 | 保持专注力的秘诀①
如果有挂念的事情，最好先去解决它

通过控制睡眠时间和饮食，可以提升自己的状态。关于这一点，我已经在之前的章节中介绍过了。除此之外，"如何才能保持专注力"也是我经常被问到的问题之一。

实际上，"不管原因是什么，只要能提高专注力就行了"这种想法是很危险的。大家可能都有在临近考试这种不得已的情况下专注力迅速提升的经历。但是，这其实是由于外界的压力而产生的专注力，并非是你自己提升了专注力。

越想着"要专注"就越难专注，这是人类的特性。即使你可以在"强迫"自己专注的情况下很好地集中注意力，但如果你在这之后感到疲惫或状态变差，就没有什么意义了。

在这种情况下，防止专注力降低是更为现实的做法。

在有挂念的事情时，专注力就会因此降低。比如，在工作非常忙的时候，即使你想保持自己日常的节奏，早点儿回家学习，也很难做到。因为有挂念的事情，就会难以安心学习。

而且，在熬夜等睡眠不足的情况下，第二天的专注力会自然而然地降低。宿醉等也是一样的。

　　为了预防专注力降低，需要排除使专注力降低的因素。管理身体状态、避免饮酒过量等是理所当然的。**除此之外，如果有让你感到不安的事情，就去解决它，这一点也是非常重要的。**

　　如果有挂念的工作，就先将它做完。这样才可以在无所挂念的状态下学习。对于正在学习的人来说，比起一边把挂念的事情往后拖一边继续学习，先处理好这些事情，可以在很大程度上提升学习效率。

　　如果有想看的电视节目，可以看完之后再学习，这样可以使学习效率更高。重新对导致专注力降低的原因进行分析也是很重要的一件事。

　　如果能注意到使专注力降低的原因，就思考解决它的办法，然后去实行吧！如果你想提升学习效率，就需要先解决让自己挂念的事情。

具体的行动

如果有让你无法专注学习的原因，就先去解决它，然后再开始学习。

058 | **保持专注力的秘诀②**

设置小的截止时间，更容易保持专注力

正如我在上一节中所介绍的那样，要想保持专注力，重要的是排除影响自身状态的因素，保持自己的节奏。但同时也要注意，不要在排除干扰因素上花费太多心思而使本末倒置。

虽然想早起学习，但是刚起床的时候头脑还不清醒，所以想着稍微运动一下再学习，结果却由于运动耗费了太多体力，反而使自己变得疲劳。如果是这样的话，早起就失去了意义。所以，要在尝试的过程中把握好这两者之间的平衡，这是非常重要的。

虽说如此，也并非没有可以提升专注力的秘诀。在上一节中，我曾写道，在临近考试的紧要关头，专注力可以有迅速地提升，也就是说，**在临近截止日期时，人的专注力会很高。**

而且，在考试过程中，专注力也会有所差别。在考试刚开始和即将结束的时候，人的专注力是最高的。

总之，勤勉地为自己设置截止时间，可以提升专注力。

我在之前的章节中，也曾针对"在学习时也要留出休息时间"进行了说明。比如，学习50分钟之后休息10分钟，或者学习90分钟之后休息10分钟等。但是，如果在50分钟或90分钟之内，设置更具体的截止时间，就能在自己设置的时间段里更加专注地学习。

比如说，将50分钟的学习时间分为五次，每10分钟一次。在第一个10分钟里做一页练习题，在第二个10分钟里对答案，在第三个10分钟里看解题过程，在第四个10分钟里再做一遍题，在最后一个10分钟里，阅读课本中与这道题有关的知识点。

这样一来，就可以让自己在短时间内保持专注。当然，将每段时间等分可能会有些不妥，所以，可以根据自己的实际情况进行相应的调整。

但是，可能正如你所想的那样，在这样学完之后，大脑会感到非常疲惫。因此，进行适当地休息也是十分必要的。在白天，可以通过午睡等使自己恢复元气。

需要注意的是，不要因为过度集中精力，而使第二天的专注力降低。

具体的行动

在一段较短的时间内，设置更加细分的截止时间，以此来提升专注力。同时，为了保持专注的状态，也要进行适当的休息。

059 | 利用通勤时间

避开出行高峰，可以在通勤时间学习

应该会有很多人觉得自己上下班的通勤时间太长。对于单身时住在离公司很近的地方，几乎没有关心过通勤高峰的人，在结婚生子、搬到郊区居住之后，生活节奏会立刻发生很大的变化，甚至失去自己的节奏。这样的事情时有发生。

通勤时间变长，会更容易积攒疲劳。

假设，上下班单程需要一小时，来回需要两小时。那么，对于每周工作5天的人来说，在通勤这件事情上，就需要每周花费10小时，每个月花费40小时以上。**如果能用这些时间来学习的话，将会多出很多的学习时间。**

比如，如果能比平时提前一个多小时去公司，也许就可以避开通勤高峰，享受宽敞舒适的电车。除了在电车里读书之外，也可以使用手机或平板电脑做笔记或看新闻。

早一些到达公司附近，如果能在公司附近找个咖啡馆学习的话，就可以有一小时作为自己的自由时间来使用（可能有的人零花钱比较少，去咖啡馆学习会有些困难。在这种情况下，可以试着和店员交涉）。至于吃完早饭后会犯困的人，可以在电车里睡一会儿，这也是一个不错的办法。在舒适的一等车厢里进行放松，也是有效利用时间的方法之一。

作为工作方式改革的一环，有的公司逐渐开始认可"提前上班""延后上班"或者"在家工作"等工作方式。特别是由于新冠病毒的出现，这样的公司越来越多。

利用通勤时间的方法有很多。既可以早点儿去公司开始工作，然后早点儿做完工作回家；也可以早起之后在家里学习，等通勤高峰过去之后，再去公司。

在东京近郊，在早上很早的时候，电车里就已经满员了。但是在早上稍晚一些的时候，车里就会变得空荡荡了。

对于时间受到限制，只能乘坐人多拥挤的电车的人，可以活用在家里的时间。之后，在乘坐电车的时间里，可以进行意象训练[1]或思考当天的工作安排。

或者，也可以回想之前学过的内容，如果哪里想不起来的话，就在之后对其进行复习。总之，能做的事情有很多。

具体的行动

避开通勤高峰，在人少的时间段出行，或者活用各站停车的时间，挤出时间进行学习。

---

[1] "意象训练"是指不实际动身体，而是在头脑中想象运动动作，是学习正确动作的有效方法。——译者注

060 | 制作学习日程
如果只有长期计划，会很难获得成就感

假设你为了准备资格考试而开始学习，考试时间在半年之后。那么，也许你现在想鼓起干劲儿努力学习，在学了一两天之后，可能就会开始懈怠。

"明明这么努力地学习，却只能得到这样的结果"，一旦你开始这样想，好不容易积攒的干劲儿也会荡然无存，结果很可能就是没有通过考试。

不仅限于备考，无论是什么类型的学习，在大多数情况下，**如果不能为自己设定达成目标的期限，学习就会很难顺利进行。**

为了能讲得更清楚一些，我将条件设定为如下情况：以通过考试为目标，完整地看完一本教科书，并做完一套练习册。

假设原本计划在半年的时间里将教科书和练习册看三遍、做三遍。在最初的三个月里完成第一遍，在接下来的两个月里完成第二遍，在最后一个月里完成第三遍。但是，在进行第一天的学习时，实际情况会是什么样呢？假设这本书一共有100页，即使在第一天努力地看了2页，你会因此有成就感吗？一想到还有98页没看，你可能就会觉得"这得等到哪一年才能看完呀？"

　　为了避免这种情况，**我建议大家制订周计划**。假设这三个月一共有13周，那么，在每一周的时间内完成8%的内容就可以了。这样一来，会出现什么情况呢？虽然同样是第一天只看了2页，但这次是看了8页中的2页。这样一来，你就会很有成就感。在之前的章节中，我所提到的"一小步"，在这里也同样可以起到作用。

　　如果按照这种节奏进行，那么你在第四天就可以完成这一周的目标。所以，剩下的三天，你既可以按照节奏继续往下学，也可以学一些其他的内容，或者稍微休息一下。每周可以让自己休息一天。

　　如果只制订长期计划，就会很难确立目标，而且很可能会在实施计划的过程中遇到各种变数。但如果制订周计划，对于工作的人来说，就可以根据周计划来确定大致的工作安排。此外，月计划也是有必要的。比如，可以设定在一个月内需要进行复习的日子。

具体的行动

制订周计划，去体验完成之后的成就感吧！

061 | 周末如何学习
每周如果不休息一天，学习效率会下降

在此之前，我已经针对"在学习的过程中也要适当休息"的必要性进行了说明。一直以较高的专注力持续学习，是很难的。如果因此让自己感到疲惫，反而会使学习效率降低。

一天是这样，一周也是这样。如果每周不能让自己休息一天的话，压力就会渐渐积攒。

因此，重要的是如何度过休息日。大多数人应该都是周六、周天休息。所以，无论是周六还是周天，选一天把它作为自己的休息日，让自己放松吧。

我所提倡的制定时间表的方法是，**尽可能地将一周的学习量安排在周一到周五之间，然后在周六进行复习。**

总的来说就是以下两点。一是，虽然制订了计划，但当遇到有急事而不能学习或学习进展不顺的日子，可以用周六的时间补上，而不要拖到下一周；二是，在周六对这一周学过的内容进行复习，以此来巩固记忆。

这样一来，计划就不会被打乱，有助于我们更好地养成学习习惯。

就像我在"保持记忆的方法①"一节中所写的那样，复习的最佳时间是刚学完的时候、第二天和一周以后。如果能按照这个时间规律进行复习的话，是很好的。而且，通过每周的复习，可以将这一周所学的知识汇总起来，综合掌握。这样一来，可以帮助我们强化对于知识的理解。

对于成年人来说，由于平日工作太忙没有时间学习，所以可能有很多人想在周六、周日学习。如果学习的内容是兴趣类的还好，但如果是为了准备资格考试的话，最好能避开在周六、周日学习。可以选择在平日里每天学一点儿，这样会更好。

如果每周只能在周六、周日学习，那么在隔了一周之后，对于上周学过的很多知识可能都已经记不起来了。这样的话，在这一周的周六再开始学习时，就会感到很吃力。如果是不得不在周六、周日学习的话，也最好能在平日里对周六、周日所学的知识进行复习。

 具体的行动

将学习时间安排在周一至周五，然后在周六复习，在周日休息。

062 | 培养日常习惯

不遵守日常习惯，就会失去干劲儿

我在之前的章节中也曾提到，很多事情就像刷牙一样，即使在刚开始的时候很不喜欢，但在养成习惯之后，如果不去做就会觉得不舒服。但是，很多人所烦恼的是：虽然明白这个道理，但却迟迟无法实际行动起来。

不仅限于学习，在提升行动力这件事情上，首先需要做到的也是不为自己找"不去做的理由"。如果给自己留了退路，就会渐渐地开始向"不去做"的方向倾斜，在这个过程中，就会逐渐失去干劲儿。

至于"不去做的理由"，大多都是："可能即使做了也做不好""即使做了也是在白费时间"。

如果是投资或创业，一旦失败的话，可能会有破产的风险，所以保持慎重是理所当然的。**但对于学习来说，即使进展不顺，失去的也只是自己的时间而已。**

可能也会有很多人觉得"失去了时间也是一件很可怕的事情"，但如果你什么都不做的话，不也是白白地浪费了时间吗？即使是浪费了时间，但能意识到自己浪费了时间，这件事本身就是有意义的。所以，如果能有"先试着去做一下"的想法，是一件很好的事情。请把"试着去做"这个经验本身也当作一件重要的事情吧。

此外，我也建议大家追求自己喜欢的事情。如果是自己喜欢的事情，必然就会对它充满干劲儿。无论是什么都可以，尝试着去做自己喜欢的事情吧。

如果能对于某样东西或某件事拥有很高的知识水平，实际上自然而然地就已经掌握了很多领域的各种知识。从这一点来看，对于自己以前不感兴趣的资格考试，也可以试着努力学习一下。

如果能在研究自己喜欢的事情的过程中，开始尝试自己之前不感兴趣的事情，是再好不过的。但如果你还没有这个意愿的话，就先去做自己喜欢的事情吧！

最近，在博客等社交平台上发布自己喜欢的东西变得越来越容易。人们可以通过这样的方式来获得他人的评价。因此，也可以从他人的评价中学到很多。

具体的行动

从喜欢的事情开始学习，更容易养成学习习惯。首先，要有意识地培养自己的日常习惯。

第五章

加速！科学的知识输入

063 | 记笔记的方法①

当你想把笔记写得好看时，就会忘记你的真正目的是学习

可能会有很多人认为，比起普普通通的笔记，把笔记写得好看一些会更好，而且在之后复习的时候也会更容易看懂。特别是对于在上学时经历过"笔记的好坏会影响最终成绩"的人来说，这种想法也许会更强烈。

那么，该怎样做才好呢？重要的是要知道"为什么要记笔记"。有多少人会回看自己在课堂或研讨会中记的笔记呢？最重要的一点是要以"让自己回看笔记"为前提来记笔记，因此，以能让自己回想起来的程度来记笔记就变得十分重要。特别是在资格考试的培训课上，最好能**专心地记笔记**，把老师说的话全都记下来。

这一点对于闲聊来说也不例外。离题的闲聊往往会更有趣，同时也更容易被大脑记住。在之后重新看笔记的时候，就会思考"为什么当时离题了"。在笔记中会有能帮助你理解的要点。以笔记中的内容为线索，你就可以清楚地回想起课堂上老师讲过的知识或之前闲聊时的内容。与之相对的是，在提升知识和教养水平的研讨会中，比起专心地记笔记，集中精力听老师讲课，会更容易使内容停留在大脑中。

除了边听边利用大脑进行记忆之外，在听到自己感兴趣的话题时，也可以挑重点将其记在笔记中。

总之，**不需要把笔记写得很好看**。当遇到回看笔记，发现笔记太过杂乱而难以读懂的情况时，可以再重新整理一份笔记。在重新整理笔记的时候，可以对于自己回看时觉得难以理解的地方进行补充说明或者用整理好的图表进行标注，这样可以使笔记呈现出更好的效果。

用录音器材对课堂进行录音也是一个好方法，但不要过于依赖于这种方法，最重要的还是集中精力听老师讲课。

具体的行动

在应对资格考试培训等的课堂中，即使笔记记得有些潦草也没关系。总之，多记笔记。

064 | 记笔记的方法②

如果记在很多笔记本上，会很容易忘记记在了哪里

请大家回想一下自己的学生时代。你是不是根据学习科目来分别记笔记的呢？作为重要的记忆，现在应该还有很多人保存着自己当时的笔记吧？但是，有多少人曾为了复习而实际上使用过自己的笔记呢？答案应该几乎是没有的。

比起每个学科都用不同的本子来记笔记，把所有学科的内容都记在一个笔记本`上，可以在需要的时候就拿出来写，这样会更方便一些。

记笔记最重要的是能让自己之后根据笔记进行复习。**在养成无论什么都记笔记的习惯之后，就会意识到需要对笔记进行复习。**

而且，在记笔记时可以先全都记在一个本子上，之后进行复习时，再针对科目和主题进行分类。

切忌记在很多本子上，之后自己却想不起来记在哪儿了，"咦？那个时候的笔记是记在哪个本子上来着？"可以在记笔记时写上当天的日期，这样的话，在复习时会更容易找到自己想看的笔记内容。没有绝对正确的记笔记方法，选择适合自己的那一种就好。

最近，有很多人选择在平板电脑上记笔记。以前有很多人对于手写笔记有抵触心理，如今随着科技产品的更新换代，这样的问题也逐渐得到了解决。而且，在平板电脑上记笔记，还可以按不同的主题分别来记。

平板电脑中的文件也可以一起放在文件夹里进行管理，所以整理起来很方便，对于难以分类的主题，可以创建一个名为"全都是笔记"的文件夹，在整理时再对其进行分类就好了。而且，还可以同步到手机中进行备份，这可以说是一个万全之策了。

虽说如此，应该还是会有很多人不习惯用平板电脑记笔记，依然想记在纸质笔记本上。这也没有任何问题。在这种情况下，可以随身携带一个笔记本。

记下日期和主题，可以更方便翻看笔记进行复习。在Excel表格中对笔记的日期和主题等进行记录，会更方便检索。

具体的行动

随身携带一个笔记本，或者在平板电脑上记笔记。总之，为自己创造出可以随时记笔记的条件。

065 | 整理信息的方法①

过度收集信息，会在整理信息时花费很多时间

与信息有关的重点是，如何收集和整理信息。大家都是如何收集信息的呢？

我想，大多数人应该都是通过网络检索来收集信息的。这种方法也是可以的，但是网上的信息太多，好的坏的都掺杂在一起。对网上这些信息进行取舍并整理，需要花费大量的时间。

如果能事先缩小检索范围，就可以在检索后获得少量较为精准的信息，并将其保存在电脑中或者记在笔记中。

但是，在除此之外的情况下，因为在网上可以检索出无数的信息，所以想把它全部保存下来的想法是不明智的。可以在检索出一些信息之后，先对其进行保存、整理。当把这些信息都整理好之后，再继续进行检索。

总之，**在当今时代，比起收集信息的能力，也许更需要舍弃信息的能力。**是否拥有舍弃信息的能力，其关键在于是否拥有筛选信息的标准。

可以将筛选信息的标准设定为"自己能理解的信息""感兴趣的信息"和"觉得重要的信息"等，然后只阅读浏览符合这一标准的信息。如果你想接触网上所有的信息，首先时间会不够，其次人类的这种能力是无法与AI相提并论的。所以，我们应该用人类的做法来一决胜负。

而且，虽然在这些标准中，有"自己能否理解""是否感兴趣"等，但最重要的是要**拥有自己的"主干"信息**。

对于作为"主干"的信息，最好尽可能地通过阅读书籍或论文来获得。可以通过阅读入门书籍，事先了解与之相关的概要；对于细枝末节的信息，在网上进行搜索即可。这样才是更为明智的做法。

专家们负责任写出的东西是更值得信赖的，这一点是毋庸置疑的。

因此，在获取这种信息时，较为高效的做法是去咨询专家或了解详情的人。他们也许会为你推荐入门书籍，或者用更简单易懂的方法教会你。

对于特别擅长某个领域的人所说的话，可以暂且先认真地听。如果你有"疑问"，在知晓总体情况之后再提也不晚。

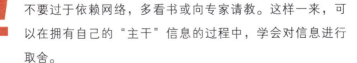

具体的行动

不要过于依赖网络，多看书或向专家请教。这样一来，可以在拥有自己的"主干"信息的过程中，学会对信息进行取舍。

066 | 整理信息的方法②
如果没有归纳概括的能力，信息就会变成垃圾

在上一节中，我已经对信息的收集方法进行了解释。总而言之，重要的是要有自己的专业性和所擅长的领域，然后通过读书或者请教专家来扩充自己的"主干"信息。

拥有自己的"主干"信息是非常重要的事情，但这并非是在一朝一夕之间完成的。

在拥有了"主干"信息之后，对其添加"枝叶"信息，就可以形成一个高效且互相关联的信息体系，归纳概括信息的要点也更容易被发现。

从另一个角度来看，即**拥有了"主干"信息，就掌握了归纳概括的能力。**

如果不能对信息进行归纳概括，所获得的信息就会失去意义。如果无法将自己所获得的信息作为"武器"来使用，那么这些信息就只会变成单纯的信息垃圾。

所谓归纳概括，就是数学中所说的归纳法，也就是将具体的事物抽象化。为了提升归纳概括能力，需要大家增加必要的词汇。然后，不断地进行具体和抽象之间的转换。为此，学习也是十分必要的。

在一边坚持这样的努力，一边补充"枝叶"信息的过程中，要经常思考"想说什么""要点是什么"。这样一来，就会逐渐提高自己的归纳概括能力。而且，这些信息也会逐渐成为"信息的主干"。这个反复实践、积累经验的过程也会成为你的财富。

对于上班族来说，重要的是，**不要仅仅只有一个"主干"信息，而要多拥有几个"主干"信息。**

如果是在金融界工作的人，可以先形成"金融"这个庞大的"主干"。除此之外，也可以增加与金融相关的"财务""房地产""法务""管理"等"主干"信息，以此扩展自己信息的广度。拥有更多"主干"信息的人，在职场上活跃的机会也会比其他人更多。

具体的行动

为了获得信息的"主干"，要磨炼自己归纳概括的能力，将获得的信息用自己的语言表达出来。

067 | 整理信息的方法③
整理地面面俱到，反而会陷入混乱

最近，随着自由办公①在办公室中的普及，为了能让员工在任何地方工作，有越来越多的公司开始提倡员工在回家时要把办公桌清理干净。

随着数字化的资料增多，不一定要用纸张保管的东西也逐渐增加。

作为推进工作的一种方法，这样做是没有问题的，但是，对于学习而言就另当别论了。

对于我自己而言，如果我**对自己还没有用完的资料进行整理的话，就会使学习失去连续性，并且第二天再开始学习时也会花费很多时间。**

对于写原稿所需的资料，我会尽可能地将其放在手能拿到、眼睛能看到的地方。也就是说，在写某个原稿时，我会把需要的资料提前放在桌子上，如果桌子上放不下，我会把它们放在地板上。

在写完原稿之后，我会重新将这些资料归位，然后再拿出接

---

① 即没有区域限制，员工可以自由选择工位的办公方式。——编者注

下来需要用到的资料，同样地将他们摆放在桌子和地板上。

　　虽然这样可能看起来不太美观，但是如果我在睡前把这些资料都逐一整理完的话，第二天就无法以一个好的状态重新开始工作。请大家不要忘记，整理并不是目的，而是手段。实际上，我在参加大学考试和医生的国家考试时，也使用了这种学习方法，所以我认为这种方法对于备考资格考试是有帮助的。因为当你把房间整理得特别干净之后，可能就会有种"该做的事情已经做完了"的错觉。

　　而且，关于平时的书籍和信息的管理方法，就像大家所说的那样，最好能分类进行。

　　但是，这里有需要注意的一点是，**不要在分类这件事上花费太多心思**。为什么这样说呢？这是因为逐一对大量信息进行分类，会浪费很多时间。

　　将信息或资料按照资格考试、素养、小说这种类型进行分类，或者对不同类型的资格考试进行分类。有一个大致的分类就足够了。

　　特别是对于不擅长整理的人来说，即使不强迫自己去整理也完全没关系。因为即使无法对资料进行很好的整理，也几乎不会影响学习的成果。只要你能找出信息的"主干"，自然就能在大脑中对其进行分类了。

！具体的行动

整理信息不是为了使它看起来美观。将保证自己学习或工作的连续性放在优先位置，就能自然而然地在大脑中对信息完成分类和整理。

068 | 读书的方法①

不把入门书籍当回事儿，反而会走弯路

相信大家现在已经对于开始学习时的思想准备和制定时间表的方法有了一定的了解。在这一节中，我想讲的是，当你想学习某个主题时，与入门书籍的"邂逅"十分重要。

对于成年人而言，从著名作者编写的教科书或者被社会广泛认可的教科书开始阅读，风险会比较小。**首先，不需要虚张声势地购买大量书籍，购买便宜、易懂且适合自己的教科书即可。**

比如，明明是要参加簿记的考试，却买了会计学的教科书，这就是给自己设置了过高的门槛。正确的做法应该是：先去购买汇总了过去题目的练习册，通过做题来确认自己不会的地方，然后以此为参考，去购买适合自己的入门书籍。

不过，虽说需要阅读入门书，但不要在起跑线上站得太久。如果你把自己在入门书中学到的知识以一种得意的口吻讲给真正了解这个知识的人听，就会贻笑大方。我的建议是：在巩固基础的同时，提升自己的知识水平。

那么，有挑选入门书的秘诀吗？虽然在网上浏览购买者对于书籍的评价也是一种方法，但我还是建议大家亲自阅读。

为此，可以去自己常去的大型书店逛逛。到书店之后，实际地从书架中选取几本书，然后进行对比阅读吧。

在阅读时，需要注意的是**前言和目录**。如果你自己试着写一下书就会明白，虽说是前言，但这并非是作者最开始写的内容。大多数书的前言都是在正文部分写得差不多的时候，在作者明确自己最想给读者传递的信息之后，才开始写的。

因此，在认真阅读完前言之后再去读正文部分，能更容易地掌握这本书的脉络。现在，有很多作者会在书中写明各章节构成的目的，你可以对其进行确认，然后选择自己更容易理解的那一本。

与该书出版相关的信息，往往都在书的开头或最后几页中，你可以从中得知这本书被加印的次数。此外，再版的书籍更值得信任。基本来说，在选择入门书时，有以上的判断标准就足够了。但因为有组织票①，所以印刷次数也不能完全对应书籍内容的好坏。所以，我还是建议大家亲自阅读，然后判断书的好坏。

浏览前言和目录，选择你认为是好书的入门书，会更有利于推进学习。

---

① 指在选举中，某团体团结起来给特定政党或候选人投的票。此处特指一些为政绩而发行的图书。——编者注

069 | 读书的方法②

即使只阅读必要的部分，也会有所收获

应该会有很多人认为，如果不能把一本书从头到尾地读完，就相当于没读。但是，当自己被问道"你还记得读过的书的内容吗"时，却怎么也想不起来。

理由很简单，因为你在第一遍读完这本书之后没有再重读。但是，可能有人会觉得"再从头开始读一遍的话，会很麻烦"。小说等类型的书先暂且不提，对于与学习有关的书，可以只阅读必要的部分。

比如，即使只读一章也完全没有问题（一般来说，好书的第一章都会很有趣）。但是要将这一部分反复地读很多遍，然后用标记笔划出书中的要点或者将要点记在笔记上，这样这本书才会变成真正属于你自己的书。

可能会有很多人感叹，"现在的记忆力已经大不如前了""即使读了书，也会忘记书中的内容"，但就像我在之前关于记忆的章节中所说的那样，记忆力并不会随着年龄增长而下降，导致"记不住"的真正原因就是记忆的方法存在问题或者你并没有像从前那样用心记忆。

即使是在你认为记忆力比现在好很多的当年，你也是在重复地读了很多次、写了很多次之后才记住的。这种努力，在今后也是十分必要的。

大家可以想一下书的价格。从几百日元起，大多集中在1000日元左右。如果是专业性很强的书籍，可能会超过2000日元。但即便如此，除了几千日元的医学书之外，大多数的书都能以便宜的价格购买到（所以，这对于作者和出版社来说也会有因此而吃不消的地方）。

在一本书中，即使只有几页内容对自己是有用的，就足以值回本钱了。如果全都读完的话，也许反而还会浪费自己的时间成本。

本书也是如此。虽然有100个法则，但就像我在前言中所写的那样，我是按照能让没有时间的人"只需从你认为必要的部分开始阅读"的方式来编写的。书籍的使用方法因人而异，所以，请活用适合自己的那一种。

 具体的行动

集中阅读自己认为有必要的部分，效果会更好。对于没有时间的人来说，不要拘泥于非要完整地读完一本书，选择自己想学的部分阅读吧！

070 | 读书的方法③

阅读无聊的书籍是在浪费时间，所以，快停止吧

关于选书的方法，我在之前的章节中曾建议大家阅读书的前言和目录；关于书的阅读方法，我也曾建议大家：只反复阅读特定的部分，效果会更好。

特别是很多书会在前言之后的绪论或第一章中，写一些总论性的内容。所以，当你想把握一本书的整体面貌时，可以集中阅读绪论或第一章。

如果你觉得这本书的绪论或第一章读起来很有趣的话，就可以再接着阅读其他章节。

此外，也有的人会从后往前读书。这种情况在阅读专业性较高的新书时会经常出现。除此之外，在杂志的连载中，由于作者会在杂志连载的最后附上新作，然后把它作为一本书（也就是说，最新的原稿在杂志连载的最后部分），所以先阅读这部分内容也是有效的。

还有的人会在读完"后记"之后，再决定是否购买这本书。"后记"中大多是谢词，也就是对于相关人员表达的谢意。但通过观察作者在谢词中表达谢意的对象，也可以判断出这本书的好坏（很多编辑会用这种方法来开拓新的作者）。

即使将上述这些做法全都试一遍，也不会花费太多时间。每个人的情况不同，对于有些人来说，也许是站着读就能全试一遍的程度。

因此，**试着按照上述方法阅读某本书，如果这本书不能对你有所启发或让你感到有趣的话，就没有必要再纠结了，快停止阅读吧！**

虽然很遗憾，但由于出版社所考虑的是通过书名吸引读者的关注，以此来激发者买书的欲望；以及很多编辑在没有正确理解书中内容的情况下，就给书起好了名字，从而导致一些我不太推荐阅读的内容现在也很流行。如果忍受这种内容，继续阅读的话，就是对于时间和金钱的浪费。

即使对于一些被公认为是好书的书，也有无论如何都觉得这本书不适合自己的情况。这可能仅仅是因为你和这本书没有缘分，所以不要在意这件事，去选择其他的书阅读吧。

比起觉得"既然买都买了，说什么也得从这本书里获得一些信息"，换另一本书会更有利于节约自己的时间成本。

！ 具体的行动

如果是让你觉得无聊的书，就说明现在不是该读它的时候。
■ 停止阅读这本书，换另一本书阅读吧！

071 | 读书的方法④
进行"比较阅读"，可以加深理解

在民间的资格考试中，很多情况下都只有一本"官方教科书"。这种"官方教科书"通常是由负责审定资格的执行委员所编写，所以，围绕这本书进行学习，可以说是最好的学习方法。

对于没有官方教科书的国家资格考试，各出版社分别出版了很多与之相关的教科书。但由于出版社所出版的这些书不能完全追踪最新的考试信息，以及在一本书中对于某部分知识的讲解可能并不充分，所以如果只看一本就满足的话，会很难通过考试。

因此，如果可能的话，读两本书会比较好。实际上，由于有些书的书名会和实际内容存在差距，所以读两本书可以降低考试失败的风险。

即使是通读了系统地罗列着考试内容的书，再读一本不同的书，效果会更好。因为在一本书中讲得很少的部分，也许会在另一本书中讲得很详细；即使两本书讲的是同样的内容，但由于这两本书的作者可能会用不同的表现方法来书写或者以不同的顺序进行说明，所以你对于书中这部分内容的**理解也会变得多元化**。

如果能将书中的内容用自己的话说出来，你的输出质量将会得到很大的提升。

在选择"另一本书"时，既可以选择不同出版社出版的同类型书籍，也可以选择同一出版社不同作者的书，或者不同责任编辑的书（在每本书的版权页上，可以看到责任编辑的姓名）。

即使是同一出版社，责任编辑不同，所出版的书的质量也会完全不同。

在出版社中，既有在充分理解书中内容之后，精心地为书籍制作、加工的编辑；也有将从作者手里拿到的原稿直接出版的编辑。出版行业是一个有趣的行业，我希望买书的人都能知道编辑对于一本书的质量所产生的影响。

最近，在出版社的推特等社交平台上，编辑们也开始发表自己的意见，所以，大家在选书时也可以将编辑们的意见作为参考。

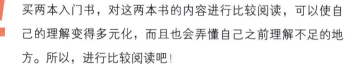

具体的行动

买两本入门书，对这两本书的内容进行比较阅读，可以使自己的理解变得多元化，而且也会弄懂自己之前理解不足的地方。所以，进行比较阅读吧！

072 | 读书的方法⑤

在书上留下印记，使它成为只属于自己的书

对于自己买来的书，在读到觉得有趣的地方时，就彻底地把它"弄脏"吧！

在这之中，应该也会有人想把自己看过的书拿到二手书店去卖，但你为了卖书所花费的时间，却没人能付钱给你。所以，不要在意卖书所得的钱，**在书中自己认为重要的地方做标记、贴浮签，让这本书成为只属于自己的书吧。**

既然成年人们都是使用自己有限的时间来学习的，所以我认为，以输出为前提进行学习是十分必要的。

有的人认为，没有目的的乱读会成为潜流，早晚会溢出。所以，乱读是只有在人们还年轻时，更进一步地说，是在大学时代才会被允许的事情。

然而，最近大学也开始重视培养学生们的输出能力。所以，我们都应该对于**需要输出的时代**，保持一定的敏感性。

为了能对自己读过的内容进行正确地输出，在记笔记或做标记时，必须以"能让自己在之后翻看的时候检索到"的形式进行书写或标记。如果阅读的是电子书，可以通过输入关键词进行检索；如果阅读的是纸质书，那么使用浮签就能解决大部分的问题。

　　在自己感兴趣的那一页贴上浮签，就可以实现索引的功能。除此之外，也可以直接将信息写在浮签上。

　　同时，可以在重要的地方画线，并在空白的地方记笔记。我所使用的是三种颜色的圆珠笔。在记笔记时用黑色的笔；在刚开始阅读时，对自己感兴趣的部分用红色的笔画线，然后在读第二遍时只看画红线的部分；对于自己觉得特别重要的地方，我会用蓝色的笔画线，以此来进行区分。

　　在重读时，由于我认为"虽然没有画红线，但却映入眼帘的地方"也很重要，所以我有时会在这样的内容下面也画一条蓝线。这样做是没问题的。

　　当然，不一定非要用我用的这三种颜色对书中的内容进行标记，选择你喜欢的颜色就可以。但是，书越"脏"就越有价值，这是毋庸置疑的事情。

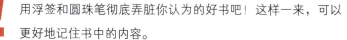

具体的行动

用浮签和圆珠笔彻底弄脏你认为的好书吧！这样一来，可以更好地记住书中的内容。

073 | 快速记忆的方法①

反复书写，可以巩固记忆

人们经常会说，手是人的"第二个大脑"。从五个手指到手腕之间，聚集了很多神经细胞，这些神经细胞连接着人的大脑。

因此，**如果能灵活地使用手，大脑也可以因此实现活性化。**这样说来，用手记录，也就是用手写字这一行为也有利于大脑的活性化，我想，这一点应该不难想象。用手写字可以加深大脑对所写内容的印象。

因此，用手书写对于记忆来说有很大的意义。做笔记，在回家之后重新看笔记，然后出声朗读……毫无疑问，这一系列操作可以激发大脑的活性。

试着出声朗读笔记内容，如果有不懂的地方，就是需要记住的要点。在补上自己不确定的这部分之后，记忆也会被连接起来。

而且，在记忆英语单词或重要句式时，**如果对其进行反复书写，就可以从手和眼睛两方面获取信息。如果是在家里一边出声朗读一边书写，耳朵也可以获取信息。**如果能在当天睡觉之前、第二天起床之后、一周后和一个月后用同样的方法进行复习，就绝对不会再忘记当时学过的内容。

即使是通过使用键盘打字来写文章，也能实现大脑的活性化。因为这个过程是用眼睛看着手在键盘上打字输入文章。

作家和大学老师除外，对于一般人来说，除了写企划书和商业文书之外，几乎没有其他写文章的机会。但是，即使是上班族，今后也有可能会在读研究生时有写论文的机会。最近，在博客或脸书等社交平台上写文章的机会在逐渐增加。

在社交平台上写文章然后发布给其他人看，其实是一个很好的训练机会。

如果可能的话，不要仅限于此，也可以试着以自己想研究的主题或感兴趣的信息为素材，来进行写作练习（如果是敏感话题，可以在写完之后加上密码，使其"仅自己可见"）。

或者也可以在众人面前公开表明自己想学的主题，以此来强迫自己学习，也是一种不错的方法。这种方法也可以用于提高学习热情。

 具体的行动

对于想记住的事情，进行反复书写，并活用手、眼睛和耳朵来进行记忆。

074 | 快速记忆的方法②
把握大致的框架，可以更容易记住细节

在大学入学考试中选择了世界史的人可能会有这样的经历：在想记住具体的年号、人名和事件时却怎么也记不住。

因此，应该先大致地学习整体的知识框架，在掌握了框架之后，再去记忆一些细节性的知识点。

在有意识地按照大、中、小的顺序学习之后，就能意识到自己正处于哪个学习阶段，大的框架和个别现象之间的知识转换也会成为可能。

如果能很好地进行这种知识间的转换，演讲的水平也会得到明显地提升。

人类在理解并记忆事物时，分阶段进行记忆，效果会更好。

因此，当你想学某个主题时，就像我已经说过的那样，为了大致地把握整体的知识框架，可以先购买简单易懂的教科书或入门书，然后，在对想学的主题有了一个大概的印象之后，再去阅读更详细的教科书。

或者，购买那种"在每个主题的开头提示大致框架"的教科书，也是一种方法。

对于前者（入门书），人们大多能很容易地快速读到最后。但不管是哪一种，选择你认为有利于自己学习的那一种即可。

实际上，在工作的场合中，在必须记住很长的文章或商业文书的内容时，我不建议大家把第一次读的东西全都死记硬背下来。

至于如何看报，由于报纸是以工作繁忙的人为受众而进行编辑的，所以标题很大的报道通常是重要的新闻。而且，因为报纸每篇文章的开头都会对这篇文章有一个总括性的论述，所以大家可以在浏览了全部标题之后，选择自己感兴趣的新闻开头阅读。如果时间充裕的话，可以再把文章读完。

阅读商业文书时，大多数情况下都不需要考虑那么多。虽说如此，如果想知道整篇商业文书整体上想传递的信息是什么，按照顺序阅读标题就可以对其内容有一个大概的印象。因此，要从标题开始阅读，这是铁律。

！ 具体的行动

如果一心地想记住细节性的知识点，就会看不见知识的整体面貌。所以，先把握大致的框架，之后再开始学习个别的主题。

075 快速记忆的方法③

反复进行测试，会更容易记住答案

最近，认知科学的实验表明，在复习学过的内容时，比起回看笔记的方法，**测试型的复习更有效果**。在不断重复测试的过程中，记忆也会停留在大脑中。

有如下的实验：让四个小组的成员分别记忆40个斯瓦希里语单词，然后通过考试来检测他们记住了多少。在他们记住所有单词之前，会再次进行测试，但这时，不同小组所采用的方法会有所不同。

第一组：让他们记忆全部40个单词，然后对全部40个单词进行测试。

第二组：让他们记忆全部40个单词，然后只测试他们第一次记错的单词。

第三组：只让他们记忆第一次记错的单词，然后对全部40个单词进行测试。

第四组：只让他们记忆第一次记错的单词，然后只测试他们第一次记错的单词。

结果显示，不同小组的成员记住全部单词所用的时间存在很大差别。但是，当一周后再次进行与上周相同的测试时，第一组和第三组的成绩看起来更好。也就是说，**比起记忆的次数，测试的次数对记忆产生的影响更大。**

如今的脑科学认为，人类并不是忘记或无法记住需记忆的内容，而是无法想起需记忆的内容。

为了防止无法想起需记忆的内容，就像我在第三章中所写的那样，需要一有机会就进行输出。因为测试型的复习在回答问题的过程中也伴随着输出，所以进行测试型的复习，效果会非常好。

酒店的从业人员之所以会选择称呼住客的姓名，一方面是在对住客表达敬意，另一方面也是为了避免出现弄错住客姓名这种不礼貌的行为。因为出声地叫出顾客的姓名，会更方便他们记忆。

在第三章中，我针对与"保持记忆的时机"有关的内容进行了说明。但是，如果是你非常想记住的事情，可以一天24小时随时对它进行复习，实际上这也是最有效的复习方法。

测试型学习法，是自己给自己出题的一种方法，这种方法可以应用于实际上没有考试的知识。请大家一定要尝试一下。

 具体的行动

对于想要记住的内容，比起重新看书或笔记，反复进行测试可以更清楚地知道自己掌握不足的地方，所以更有效果。

076 应对不安的方法①

状态低迷时，"防守型"的学习尤为重要

在学习时，经常会产生这种不安：我真的能做到吗？

即使学了也记不住；明明拼命努力了，成绩却一点儿也没提高……我相信很多人都曾有过所谓"状态低迷"的经历。这是一段经常怀疑自己，并感到痛苦的时期。

在这种时候，不要强迫自己去学习新的知识，而是"**去做自己能做的事情**"，这是铁律。在状态低迷时，即使强迫自己去记忆知识，也不会有什么效果，反而可能会使自己失去自信。

那么，具体应该怎么做呢？重要的是不要去学习新的知识，而是复习之前学过的内容。

不要进行"进攻型"的学习，而要选择"防守型"的学习。**在复习的过程中，可以巩固基础知识，也许还能消除导致状态低迷的不安因素**。在这个过程中，你的心情应该也会逐渐平稳下来。

另外，在心情不佳时，会更容易注意到自己的缺点。所以，在这种时候进行复习，更容易找到自己在学习上的漏洞。在这种时候，不要对自己学习上有漏洞这件事感到沮丧，而是应该为找到漏洞后可以想办法克服它而感到高兴。

在状态低迷时，不要去学自己不擅长的主题，而要选择自己擅长的主题。通过学习自己擅长的科目，可以获得一种"我可以"的成就感，重新找回自信的可能性也会变高。

至于状态低迷的原因，可能是由于身体上的疲劳。所以，恢复体力也是一件非常重要的事情。

在饮食方面，要有意识地摄入富含蛋白质的食物，比如肉、鱼、大豆以及乳制品等。通过摄入富含蛋白质的食物，可以增加大脑内的神经递质——血清素的含量。同时，日光浴对于增加血清素的含量也有很好的效果。

当你觉得自己睡眠不足时，**最好果断地进行休息**。由于睡眠不足可能会导致身心失调，所以要从自己能做到的事情开始进行改善。

在无法改善的情况下，会有患上抑郁症的可能。到那时，请不要犹豫，直接去专门的医院就诊。

 具体的行动

在状态非常不好的时候，可以复习之前学过的内容。如果连复习也做不到，就下定决心好好休息吧。

077 | 应对不安的方法②

集中于眼前的学习，可以忘掉不满和不安

为了防止在学习中遇到精神失调的情况，需要改变自己对于事物的想法或思考方式。

容易导致精神状态下滑的思考方式的代表之一是一种被称为**"必须要这样思考"**的思考方式。是白还是黑，是敌还是友，如果不进行明确区分，就会觉得心里不舒服，这种思考方式与完美主义和理想主义有一定的关联。

比如，认为"如果考不上东京大学就没有意义"的人；比如，如果自己把对方当作朋友，哪怕对方稍微对自己的意见进行反驳，自己就会马上把他看作敌人的人；比如，只要稍微有一点儿进展不顺的事情，就会觉得"完了完了"，但如果能稍微有一些改善的话，就会觉得"还好还好"的人……这些人其实都是很危险的。

换言之，"必须要这样思考"这个理想过高，但这些人却无法接受除此之外的结果，总是苦于理想和现实之间的差距。

对于这种状态，属于精神医学的森田疗法认为，不安和烦恼是无法改变的，所以暂且就先集中于眼前的事情。无论如何，在专注于眼前的事情时，如果事情进展顺利，自己的心情也会随之变好。**"这条路行不通的话，就换另一条路"，如果能用这样的思考方式进行思考，心情就会轻松很多。**

具体来说，那些没有考上东京大学而去了其他学校的学生，如果为了考上法学专业的研究生而努力学习的话，会怎么样呢？从结果来看，他们出乎意料地学得很好，也渐渐开始不再在意大学的名字（是否是东京大学），而只想专注于眼前的学习。

即使有讨厌的事情、想不通的事情，也不要想着直接去解决它。在做其他事情的过程中，自然而然就会忘记原本让自己烦恼的事情。

感到不安并不是一件坏事，而是一件十分正常的事情。所以，在感到不安时，应该想着去做一些其他的事情。羡慕别人是没有尽头的，与其羡慕别人，不如努力做好自己现在能做的事情。当你再次注意到那个自己所羡慕的人时，你可能已经在不知不觉之间超过了他。

 具体的行动

专注于眼前的事情，可以忘记讨厌的事情，这在大多数情况下都是有效的。

078 | 备考时的学习方法①

做之前考试的真题，可以从中发现对策

准备资格考试，是最容易取得学习成果的事情。虽然不同的资格考试，难易程度不同。但是对于没有取得资格证书的人来说，已经拥有资格证书的人会让人觉得更有知识。这是毋庸置疑的。

至少在想要跳槽时，将自己所取得的资格证书写在简历上，也许可以成为与猎头谈话的开端，甚至可能会因此被直接录用。

在决定考取什么资格证书之后，接下来就必须开始学习了。

资格证书的取得，大致分为两种。一是通过在学校上课获得学分，然后取得资格证书；二是如果能在资格考试中合格，就可以取得资格证书。

前者是医生、护士等适用的场合，后者则是房地产从业者、注册会计师、税务师等适用的场合。特别是后者的场合，需要为了通过资格考试而努力学习。但是原则上来说，**应该尽可能地从之前的真题入手**。试着做一下之前考过的真题，就能知道自己掌握了哪部分内容、还没掌握哪部分内容，并可以以此来确立自己的学习方案。

如果是已经拿到驾驶证的人，应该就会明白，比起阅读很厚的法律条令，做一套真题的话，通过考试的可能性会更高。

不同类型的资格考试其难易程度也会有所差别。所以在刚开始备考时，如果想试着做一下过去的真题，可能会遇到让你完全招架不住的难题。即便如此也没关系，你不需要完全掌握该领域的知识，只需要做过去的真题，并读懂解题过程，对于"什么知识是必要的"有一个大概的印象，就可以制定出学习时的方案了。

由于各类资格考试的难易程度不同，对于有的资格考试而言，只需在做完几套真题之后记住答案，就有可能顺利通过考试。理由很简单，资格考试不同于AO入学考试①和入职考试，资格考试大多都不要求考生的独特性，拥有与资格考试相关的必要知识和技能才是最重要的。

当考试需要你掌握的知识有范围和量的界限时，因为能从过去的真题中找到考试会考的知识，所以，以过去的真题为基础进行学习，是最快的捷径。而且，为了合理地分配考试时的答题时间，如果有模拟考试的话，请一定要参加。

———————

① 在日本，AO入学考试是近年开始导入和推广的一种有别于一般入学考试的选拔方式。AO入学考试不过分看重考试成绩，而是对考生的能力、适应性、学习热情以及目的意识等进行综合判定。AO是Admissions Office（招生办公室）的缩写。一般情况下，招生办公室负责对考生入学考试的合格与否进行判定和说明。——译者注

 具体的行动

在决定报考资格考试之后，去做过去的真题，掌握考试所要求的能力和知识。这样一来，更有利于学习的顺利进行。

079 | 备考时的学习方法②

如果能找到一起备考的伙伴，可以缓解孤独感

在上一节中我已经提到，不同资格考试的难易程度会有所差别。对于难度较高的资格考试，可以通过去补习学校等方法来应对。

当年我在美国留学时，曾深切地感受到：比起自己学习，如果有人教的话，学起来会更轻松。所谓"术业有专攻"，在学习新领域的知识时，去请教这个领域的专家，是最快的捷径。

通常，补习学校会基于对过去考试真题的分析，来安排教学课程。所以，你无须自己分析自己该做什么。而且，补习学校的老师们大多都是这个资格考试的合格者，所以，在补习学校上课，你可以听到合格者们真实的声音。此外，老师们还会亲自为学生们讲解问题，所以比起自己看参考书会更易懂，而且有不懂的地方也可以直接问老师。

关于去补习学校学习，还有一个不容忽视的优点是，可以有一起备考的伙伴。大家因为拥有相同的目标而聚在一起学习，所以学习热情会很高。而且，拥有这样的学习伙伴，对于收集信息也非常有帮助。同时，还可以为彼此提供精神上的支持。比起

自己独自备考，两个人以上一起备考，更容易维持学习动力，而且，获得信息的途径也会增加，在感到不安时还可以互相支持。

比起处于青春期的考生，成年人们在精神上可能会更强大一些，**但是如果能在备考的过程中拥有学习伙伴，确实会更好。**

关于考试的难易程度，即使是同一所高中，考上不同名牌大学的学生人数之间也会存在巨大的差距。在看重实际考试成绩的高中，很多考生拥有较高的目标，学生们通常会互相鼓励，一起学习。

在不去补习学校的情况下，可以尽可能地去找之前已经通过考试的前辈以及学习伙伴。特别是去寻找那些在短时间内通过考试的前辈。能在短时间内通过考试的人，通常会被认为是头脑聪明的人。正是这样的人，抓住了考试的技巧。他们清楚地知道在考试中哪些知识是重要的，哪些知识是不重要的，所以去向他们请教吧！

如果在你学生时代的伙伴或职场的同事中有这样的人，向他们请教也是很好的方法。总之，找到能为自己讲解学习的人，是通往合格之路最快的捷径。

具体的行动
为了享受学习生活，去寻找学习伙伴或者拉着谁一起学习吧！

080 | 活用练习册的方法

如果能理解答案，就能学会自己解题

就像我在之前的章节中所说明的那样，增加输出会更容易使记忆停留在大脑中。通过解答过去的真题，可以知道考试的出题倾向，并制定对策。此外，在学习时使用练习册，是非常有效果的。

在为了通过资格考试而学习时，必须要做练习题。如今，市面上有各种难度的练习册，还有很多练习册里收集了历年的考试真题。

因为参加资格考试并非必须要考满分才行，而是只要合格就可以，所以，以合格为目标而努力学习就足够了。比如，对于正确率超过60%就会被视为合格的考试，在明确地知道自己现阶段能答对几成之后，就能自然而然地知道要想达到合格的目标，还需要付出多少努力。

关于入门书的选择方法，我在之前的章节中也已经说过很多次了。在准备资格考试时，先试着做一下考试的历年真题，然后再去买书会比较好。因为，你需要了解自己现阶段的水平。

选择练习册的要点是，选择适合自己水平的练习册。虽然

我好像在说理所当然的事情，但是，你知道该如何选择适合自己水平的练习册吗？这其中是有秘诀的。如果只做自己基本上都能解出来的题，是没有什么意义的。因为这些题对于你而言太简单了。但是，如果对于练习册里的题，你不仅不会做，就连答案和解题过程也看不懂的话，就说明这本练习册对你而言太难了。

最好是选择"**虽然无法自己解答出来，但是在看了答案之后就会明白**"的练习册。就像我平时所主张的那样，"在理解了答案之后对其进行记忆，学习效果会更好"，所以，这种难度的练习册是对学习最有帮助的。

在记住了解题模式后，再尝试稍难一些的练习册，结果会怎样呢？可能之前不会做的题，现在也已经会做了。所以，以这种标准来选择最适合你的练习册吧。

具体的行动

选择"自己解答不出来，但看了答案之后就可以理解"的练习册吧。

081 | 从今往后的英语学习法①

提升读写能力，就能如获至宝

在今后的时代，学英语的意义是什么呢？随着网络的普及，可以通过邮件与外国人进行交流；如果会写英文的话，即使不擅长英语口语也没关系。

更进一步地说，由于机器翻译的精确度越来越高，有很多人开始认为，即使不会写英语，也可以在用日语写完之后，再用翻译软件进行翻译。

在某种程度上可能确实是这样的。虽然我认为机器翻译很难达到100%的正确率（但本来人类的交流也不是完美的），但与业务有关的大部分内容，即使不会英语，也可以通过机器翻译来解决。

即使是这样的时代，不，正因为是这样的时代，会英语的人才更好。我自己的英语听力也不太好，虽然之前曾去美国留学过，但即使是现在，我的英语听力依然不是很好。**但是，只需能用英文进行读写，就能为自己提供更多的可能性**。比如，比起将英文原文逐个翻译成日语之后再读，直接读原文的话速度会更快。

　　实际上，当我想阅读翻译成日语的外文书籍，特别是专业书籍时，很多时候我都会觉得读起来很辛苦。不仅内容很难，而且书的篇幅也比原著多很多，所以读完需要花费很多时间。

　　但如果直接读这本书的原著，就可以更早且更享受地读完。英语论文和报道也是一样的道理。

　　总之，在这个需要与信息快速接触的时代，英语可以使我们更快地获取信息，并且更有利于我们把握信息的大致框架。

　　请试着进行阅读英文的练习吧。选择自己喜欢的主题，应该会更容易投入其中。

　　通常情况下，比起阅读，日本人更不擅长的是英文写作。如果用翻译软件将日语翻译成英语的话，从英语母语者的角度来看，会有很多有不恰当的表达。

　　可能会有很多上班族认为，比起用自己不习惯的英文表达与外国人面对面交流，通过邮件等方式可能会更有利于推进彼此间的交流。所以，英文的读写能力也非常重要。

　　当然，最好也能掌握英语对话。关于英语对话的学习方法，我会在之后的章节中进行介绍。

具体的行动

在今后的时代，英语是必不可少的。选择自己喜欢的主题，
进行阅读英文的训练吧。

082 | 从今往后的英语学习法②
记下短语搭配，可以使其成为自己的知识

要想提高英语能力，最有效的方法还是增加接触英语的机会。

特别是当你想锻炼自己的读写能力时，首先，需要阅读大量的英文。至于读什么，这是你的自由。可以选择你所感兴趣的类型、与工作有关的领域或者新闻。这样的话，读起来会更容易。

如果是你已经掌握了一定基础知识的领域，读起来就会容易很多。比如，如果是喜欢电影的人，即使是阅读英文的电影杂志，在某种程度上也能大致猜出内容；喜欢棒球的人，阅读体育杂志也是同样的道理。

但重要的是，**对于不认识的英语单词，即使在阅读过程中可以通过上下文推测出它的意思，在阅读完成后也要去查一下那个单词。**

这样的话，可以加深大脑对于这个单词的印象。即使在阅读过程中对单词的理解有误，在通过查字典知道了单词的正确意思之后，再完整地看一遍文章，就能正确地理解文章，并且会有种豁然开朗的感觉。而且，在查字典时，同时确认单词的母语和英

语两种解释，可以加深对于知识的理解。

还有很重要的一点是，**对于你认为有趣的文章或短语，请一定要将其记在笔记上，然后努力记住它。**如果能做到这一点，你的英语能力将会有明显的提升。

在阅读文章时，你认为有趣的内容通常都是措辞简练、表现力很强的内容。如果你能记住这些内容，并在自己表达想法时活用这些内容，就可以在一定程度上提高你的写作能力。

此外，这对于对话也是有帮助的。因为并非是英语母语者，为了能用英语进行对话，需要先想好自己想说的日语，然后再将其翻译成英语。这样一来，在进行英语对话时，就会需要日译英的能力。特别在商业谈判的场合，更加需要一定程度的英语对话能力。

因此，平时要多看一些自己在工作场合中会用到的类型的英文。在掌握了出现频率很高的单词和词组之后，你在工作中能应对的事情也会越来越多。

具体的行动

阅读喜欢的主题或与工作有关的英文，将自己认为重要的词组记在笔记中，然后背下来。

083 | 从今往后的英语学习法③

和母语者交朋友，可以飞速提升英语水平

比起能流畅地进行英语对话，英语的读写能力更加重要。即使对话并不流畅，但如果对话的内容是重要且有意义的，那么也是会受大家欢迎的。

假设你现在处于相反的立场，即当外国人用日语和你对话时，面对"虽然能流畅地进行交流，但所说的话却没有什么实质性内容的人"和"虽然日语不太流畅，但所说的内容却很重要的人"，你更想和谁进行对话呢？当然，能将重要的事情流畅地说出来是最好的，但如果按照优先级排序，那么，"能将重要的事情表达出来"是更被看重的一点。

最近，通过电话或邮件用英文与对方交流，已经成为一种趋势。

无论如何，当今时代需要拥有英文写作能力的人，这是毋庸置疑的。作为能使英文写作能力突飞猛进的方法，可以**和英语母语者交朋友，让他们为你修改文章。**

我在留学时，因为受到过阅读方面的训练，所以对于自己的阅读能力很有自信。但是，在写作方面却一直停滞不前。有种

"无论我怎么努力都无济于事"的感觉。

但是，在我写英语论文时，经人介绍认识了一位英语母语者的编辑。他针对英语论文的写作方法给了我很多建议，使我渐渐开始对写文章这件事变得自信。而且，他不仅为我修改语法和措辞，还教给我如何写作才能提升论文的说服力等。

如果你所在的职场或学校有英语母语者的话是最好的。如果没有，可以让朋友介绍，或者自己在社交平台上发布信息，"我正在寻找可以教我英文写作方法的人。作为回报，我可以教你日语"，这也是一个不错的办法。

即使只用电子邮件与外国人进行交流，也可以起到训练写作能力的效果；在实际与人面对面沟通的过程中，也可以提高口语水平。但是，即使是英语的母语者，也有不擅长写作的人。所以，在请母语者帮自己修改英语作文之前，最好对对方的学历等进行确认，这样才会万无一失。

总之，作为提高英语的方法，要想从"听不懂、不会说"的自卑感中摆脱出来，首先要努力使自己能彻底"看得懂，写得出"。

美国人的识字率没有日本这么高，所以仅凭英语的读写能力就可以判断对方作为母语者具备怎样的知识水平。如果有能让你放心地与之交谈的母语者，你的英语能力应该可以得到飞速的提升。

具体的行动

请母语者帮助自己修改英语作文，并通过邮件或对话，来获得对方的建议。

084 | 未来所需的知识水平

掌握古典知识，可以在国外获得更高评价

　　我在涉及英语学习法的章节中也曾写道，在今后的时代里，比起能用英语进行对话，拥有英语阅读能力和写作能力会更有价值。

　　比起浅显易懂地说英语，即使可能会有些死板，但却能完全依照语法进行英语对话的人，会被认为是更有知识的人。

　　如果你所说的英语很浅显，即使对方可能会因为你是日本人而不会对你的英语有太高要求，但实际上还是会轻视你。所以，即使可能会被认为太过认真，也请尽量用像写文章时那样的方式说话。在重要的谈判场合中，这样做会对你更有利。

　　无论什么时候，一旦用日语的敬语形式说话，对方可能就会说"我们之间可以再亲近一些"。能让对方感受到自己的知识水平是更重要的①。

　　总之，在外国，尤其是欧美国家，"让对方认为自己的知识

---

①　因为日语敬语很难，所以说敬语可以从侧面表现出自己知识水平较高。——译者注

水平很高"这件事，远比在日本更有意义。

比起模仿艺人或者在聚会上表演，能谈论莎士比亚的戏剧、谈论康德和歌德的人，会更容易获得人们的认可和尊重。

如果在东方，那就是论语和唐诗。人们只需了解自己国家的文化背景，就能缩小自己与精英阶层之间的差距。同时，如果也能针对日本的文化发表一些看法，就可以获得更多的尊敬。

在日本，如果说起笛卡尔、康德和叔本华，可能会有人把他们看作是过时的哲学权威。但是，如果是在其他国家，你会因此收获很高的评价。

从日本旧制高中毕业的人之所以能在世界范围内活跃，他们的语言能力自不必说，他们的知识储备也很有优势。所以，不要把古典知识看作过去的遗物，而应把它们当作人类的遗产来进行学习。

幸运的是，如今在电脑中输入著名作品中著名的台词之后，会立刻找到它的英译版。在这时，记忆一些短句或词组，对你而言也是有好处的。

 具体的行动

在国外，如果能被他人看作是知识水平很高的人，工作也会因此进展顺利。所以，学习国外的名作，搜索著名台词的英文翻译吧！

085 | 学习文学和历史

拘泥于历史的看法，视野会变得狭隘

实际上，我不太喜欢读小说。在小时候，我成绩最差的科目是语文，所以，我无论如何都没有心情读小说。

虽说如此，在成为精神科医生之后，为了能更了解人们的情绪以及为了寻找拍摄电影的素材，我也渐渐开始阅读小说了。

就像我在上一节中所说的那样，**如果你能了解一些名作，就可以增加谈话时的话题，而且也可以活用到演讲等场合中。**

最近，市面上出版了很多名作的"漫画版"，这些漫画的内容比名作本身更加简单易懂，所以大家如今也可以轻松地接触名作了。

喜欢学习历史的人应该有很多。如果是以增加聚会时的话题为目的而学习历史的话，就请着眼于有趣的历史故事，然后学习吧！现在市面上也有很多汇总了这种历史故事的袖珍书。

在为了兴趣而学习时，最好能认真地阅读入门书籍。此外，既有喜欢历史小说的人，也有喜欢英雄故事的人，还有喜欢阅读百姓生活故事的人。**因为可以从许多角度来看历史，所以如果你能享受各种不同的看法，你就可以称得上是历史学的行家了。**

此外，如果能学习历史上各种各样的失败，就能为自己将来的失败做好准备。"为什么历史会发展成这样？"带着这个疑问，去接触历史吧！

但是，由于"谈论历史"这件事与思想信条有关，所以实际上是非常难的（如果能在知道对方思想信条的基础上进行谈论，可以缩小自己和对方的距离感。这样的技巧是存在的）。因此，在聚会等场合，如果只顾着谈论自己的价值观，可能会让对方感到不愉快。

在与别人交谈的过程中，需要注意以下三点：表明自己的观点并不是绝对的；表明愿意积极学习不同于自己的观点或看法；发现自己与对方的共同之处，并对此表达出同感。

总之，不要拘泥于自己的价值观，保持"为了开阔视野而进行学习"的态度，是非常重要的。

具体的行动

对于历史或文学，不要拘泥于某种单一的见解。提前准备几种不同的观点，更容易与他人产生共鸣。此外，还要对自己的说话方式多加练习。

086 | 学习心理学

学习心理学，可以获得对工作有帮助的知识

在日本，在很长的一段时间内，人们对于学习心理学这件事的评价都不太高。在许多大学里，心理学是属于文学院的一个专业。本来文学院的学生们就不太好就业。他们在找工作时往往会花费很多时间，而且大多以公务员为主。

实际上，在广告公司等地方，经常需要会心理统计的人。但在参加大学入学考试时，谁也不会想到这么长远的事情。即使对于心理学感兴趣，充其量也就是选择作为基本教育课程的社会心理学进行学习。

心理学的地位发生改变的契机是，心理学（比如行为心理学）开始在很大程度上影响其他的学科领域（实际上，心理学对于经营学也有很重要的影响）。

此外，阿德勒心理学的兴起也在很大程度上提升了心理学的地位。于是，"想在学习和生活中活用心理学"的动向，终于也开始在日本扩展开来。

在美国，人们对于学习心理学的人会表示一定的敬意。这是因为美国人普遍认为，精通心理学的人等于能读懂对方心理的

人；再加上美国有多元文化的土壤，所以心理学在美国并没有受到轻视。

在美国，精英们为保持自己的状态而去看精神科医生是很普遍的行为；在英国，人们在综合诊疗医生的介绍下接受精神分析也并不是罕见的事情。

但是在日本，心理学的普及还没有达到这种程度。与欧美人相比，日本人活用心理学的意识依然很低。但是，**想将商业心理学活用于谈判和管理团队的人在逐渐增加**，特别是对于负责人力资源管理的人来说，需要掌握一定程度的心理学知识，这已经成了时代的要求。

在演讲等场合中，活用心理学的情况也越来越多。我之所以这样说，并不是因为我正在从事心理学的工作。学习心理学，会对自己产生很大的帮助。不仅是我的书，市面上还有各种各样的心理学入门书籍，请大家去寻找你认为最适合自己的那本书吧！

 具体的行动

在工作中也可以活用心理学的知识。寻找与自己兴趣相近的心理学入门书阅读吧！

087 | 拓展兴趣
拓展兴趣，有助于防止衰老

我选择将葡萄酒作为自己的兴趣。日本作家渡边顺子所著的《世界上的商业精英所掌握的体现"教养"的葡萄酒》（『世界のビジネスエリートが身につける教養をしてのワイン』）一书成了畅销书。**不要轻视通过兴趣所获得的人脉。**我通过学习葡萄酒，也扩大了自己的交友关系网。

对于很多人都感兴趣的主题，会有很多与之相关的组织或团体，所以，通过加入这些组织或团体，可以获得更多与这个兴趣有关的信息。大家可以一起学习，互相鼓励。

此外，通过网络来学习兴趣，也是一个很好的方法。我还是那句话，在学习兴趣时，不要自己一个人学，和大家一起学会更好。

最近，社交网络平台的普及程度越来越高。在平台上有很多兴趣小组，所以，拥有相同兴趣的人集中到一起也变得更容易。

此外，拥有兴趣不仅能扩展人脉，还能防止大脑老化。

每天都做同样的工作，会使大脑缺乏刺激，从而导致前额叶的使用频率降低。这样一来，会加速情感的老化，在上了年纪之

后还可能会患上阿尔茨海默病。特别是40岁以上的上班族，最好
能有意识地培养自己的兴趣。

如果没有公司之外的人际关系网，也会使大脑缺乏刺激。当
从公司退休后，没有参加公司外团体的人会瞬间衰老（对于男性
来说，这种倾向更强）。

而且，通常这种上班族并不喜欢日间护理服务①，如果在退休
后连兴趣小组也不参加的话，他们的大脑会有不被使用的倾向。
特别是对于那些在公司里轻视和周围同事一起做感兴趣的事情的
人，会更早衰老。

为了避免衰老，**主动地使自己的日常生活发生一些变化，
有意识地增加预料之外的事情吧**。兴趣是实现这一目标的最佳
捷径。

 具体的行动

拥有自己的兴趣或者加入公司之外的组织或团体，以此来增
加对于大脑的刺激吧！

---

① 日间护理服务是指，对于在家养老的老年人，工作人员只在白天到他
们家中帮助他们洗澡、吃饭以及进行日常动作训练等。

088 | 有利于学习的场所

在明亮的场所学习，更容易收获成果

最近，"客厅学习"成了热门话题。许多东京大学的学生在备考东大时，都是在客厅进行学习的，这一点引发了社会的关注。那么，为什么在客厅学习会更有利于学习顺利进行呢？

首先，大多数人家里客厅的光照和灯光都比较明亮。明亮的场所有利于促进神经递质血清素的分泌，可以抑制人的不安感，使人的状态更容易变得积极向上。

如果光线太亮，会让人产生眩晕；如果在光线很暗的房间里工作，心情也会变得低沉。所以，**适当的光照和照明是非常重要的。**

而且，如果在客厅学习，父母和家人也能看到你学习时的样子，这样一来，可以督促你更好地学习。如果在自己的房间学习，诱惑会很多，稍不留意可能就会开始玩电脑或手机。但如果在客厅学习，就可以避免这一点。

此外，时不时地运动一下对于身体也是有好处的。在客厅学习，更方便起来走动或活动一下身体。

最近，在办公区学习的上班族也越来越多。虽然在办公区

偶尔会有一些噪声，但办公区的光线好、空间大（方便活动身体），所以总体来说是更有利于学习的。

此外，如果一直在同一场所工作或学习，很容易会因为感到厌烦而使效率降低。所以，适度的变化也是必要的。当你觉得自己马上就能得出某个结论或解出某道题时，可以去客厅或者咖啡馆，这样会更有利于工作或学习的顺利进行。

在浴室、阳台或卫生间等场所，可以进行背诵型的学习。在为了资格考试而去补习班时，也可以在补习班的自习室里学习。

重要的是寻找对于自己而言可以努力学习的场所。是宽阔的场所好还是狭窄的场所好？光照如何？人会不会很多……我建议大家去寻找你认为自己能在这里好好学习的场所。如果能找到的话，对于帮助你转换心情也会很有帮助。

去外面学习的话，可以防止在家学习容易被家务或其他娱乐所打断的情况。总之，有意识地营造出能让自己专注于学习的环境，是非常重要的。

 具体的行动

寻找有利于学习的场所，然后拒绝诱惑，专心学习吧！

第六章

实践！输出同样重要

089 │ 用输出检验成果

在进行输出时，可以知道自己的理解程度

在有了输入之后，接下来就是输出了。特别是成年人在学习时，更需要意识到：在进行输出之后，输入才有意义。

上班族的学习时间是有限的。在成为上班族之后，很多人会认为，输出的量就代表了自己的学习成果。如果没有学习成果，就很难感受到学习的意义。

换一个角度来看，**根据一个人输出的水平，也能推测出他能在多大程度上正确地理解输入的内容。**

此外，进行输出可以巩固记忆。通过手写或者与别人交谈，可以不断地使自己的记忆被重复想起。

更进一步地说，如果能在意识到自己迟早都必须进行输出的前提下，进行输入（学习）的话，输入的质量可以因此发生改变。

这是因为，你所记住的事情并不是单独存在的，而是和其他事情关联在一起的。

比如，当你被要求对"新产品热卖这一背景下的社会形势"进行说明时，如果你不能充分理解目标受众为什么会买它，就不知道该怎么说。

在这种情况下，你必须思考用怎样的语言来进行表述，才能确切地将自己的想法传递给大家。所以，你必须正确理解这件事与其他事情之间的关系。

如果能意识到自己需要输出，然后再开始学习的话，就能自然而然地在学习过程中注意到要点。

如果没有这样的意识，只是以一种被动的姿态来获取信息的话，好不容易获取的信息也无法和大脑内的其他信息产生关联，因此，很可能会在还没有被使用的情况下就被遗忘了。要想掌握信息的"加工能力"，需要经常地意识到"将来自己需要对这些信息进行输出"。

具体的行动

在学习时，要意识到该用什么形式才能对学过的内容进行输出。作为考试对策，要想知道自己会遇到什么类型的题目，可以去做之前的真题。

090 | 输出练习的重要性
如果不进行练习，就无法实现高质量的输出

我曾经说过，记忆的最终阶段是作为输出阶段的"想起"。顺利输入并通过复习被储存在大脑中的记忆，如果不能被很好地输出，就无法在考试中取得好成绩，也无法在演讲中获得好的评价。

那么，为什么会出现输出不顺利的情况呢？我认为这是因为对**输出阶段所做的练习太少了**。比如，在备考学习时也是这样，使用练习册来做练习的学生真的非常少。这是为什么呢？这可能是因为人们普遍不愿意面对自己不擅长或者不会的事情。但是，刚开始时不会做也是理所当然的，我们应该改变思考方式，想一想"怎样才能会做"。

因此，知道"在考试中可能会被问到什么问题"是很重要的。这样一来，就可以缩小需要记忆和学习的范围，并且也能清楚需要学习的重点是什么。

在成年人的学习中，"为了能回答出上司所需要的答案而进行输出练习"这件事在很多情况下都占据了重要的位置。

无论是参加资格考试还是发表演讲，只是记住应该记住的事情是没有意义的。必须将记住的内容以能够使用的形式进行输出。

在进行输出练习时，重要的是**将已经记住的事情应用于实际被问到的场合。**

将正确的文章全部记住，或者通过选项来记住与正确答案不同的内容……像这样的方法有很多，但重要的不是将其用来确认自己是否记住了练习题的答案，而是为了记忆这件事本身。通过只阅读参考书或参加研讨会等形式而获得的记忆，很难在输出时充分地发挥它自身的力量。

在演讲的场合也是一样的，如果不运用记住的内容进行演讲，在大多数情况下，演讲就会变成仅仅是在"展示知识"。

要想利用好不容易得到的机会，充满魅力地向大家进行自我展示，就需要增加对于输出的练习。只需要这样做，就可以与之前产生很大的不同。

 具体的行动

既然学习了，就会想充分地发挥学习成果。无论是备考学习还是为演讲做准备，都不要疏于输出阶段的练习。

091 知识输出的三个作用

持续进行输出，可以更容易获得信息

如果只听别人讲话就满足了，就无法让知识成为自己的东西。

我也曾说过，为了能在准备资格考试的学习中进行输出，应该重视练习册的使用。那么，在除此之外的学习的场合是怎样的呢？比如，在为了能拥有独特的观点而进行学习的场合、在为了能预测将来而进行学习的场合……如果不能在学习的过程中意识到输出这件事，那么即使学习了知识，也无法活用知识，知识也会因此被逐渐遗忘。

那么，通过在学习后进行输出，我们能获得什么好处呢？我将其大致分为了三类。

第一，**通过输出，可以在一定程度上确保自己在社会中的地位**。通过不断地输出知识，可以给别人留下见多识广的印象。

比如在小酒馆里，当你和别人谈论起早上电视中所提到的事情时，可能会被对方嘲笑道："你说的事情不是在今天早上的电视里提到过了吗？"但是，如果能将"把自己获得的知识讲给别人听"这件事坚持十年，别人可能就会觉得"这个人还是挺有见识的"（但需要注意的是，在讲给别人听的过程中，不要让对方觉得讨厌）。

第二，**通过输出，可以巩固记忆**。在备战考试的过程中，一边做练习题一边记忆知识，效果会更好。

当实际地说出自己记住的东西或将其引用到自己写的文章中时，这个过程也是在对其进行反复的练习，所以可以巩固记忆。总而言之，输出这件事可以成为对于记忆本身的训练。

第三，**通过输出，可以收集信息**。假设你被委托负责向同学会的会报投稿，投稿的主题是你现在工作的专业领域。虽然你对于这一领域有足够的了解，但为了将这些知识写成文章，你需要收集大量相关信息。之后，在你对信息进行汇总的过程中，知识已经得到了梳理。

而且，因为在对这些内容进行发表时，你能够获得他人的回应，所以，你也能从他人的回应中获得许多信息。因此，请一定要努力形成这样的良性循环。

具体的行动

学习知识，然后输出，是很重要的事情。但是，也可以试着在输出的过程中学习知识，这件事也同样重要。

092 | 从模仿到内化
持续进行输出，会逐渐习惯讲话

在上一节中我曾经提到，将从电视上了解到的事情，现学现卖地说给别人听，也并非是一件坏事。在进行输出训练时，这种做法是非常有效的手段，也就是将别人说过的话当作是自己想出来的话那样说出来。大家一起来将从别人那里获取的知识现学现卖吧！

可能有人会觉得"这样的话，不就没有独创性了吗"。但是，模仿做得好的人，对自己而言是一种很有帮助的训练。本来，"是否存在完全的独创"这件事也是一个疑问。而且，在你选择自己要说的内容时，实际上已经加入了自己的主观想法。

因此，在看了新闻的解说节目等之后，对其进行概括，然后说给周围的人听吧！

如果以现学现卖为前提来输出信息，在这个过程中，实际上你已经对信息进行了梳理和记忆。因此，输入信息的效率也会得到进一步的提升。

当被别人质问你现学现卖的事情时，你会进一步地去调查相关信息，所以也能因此学到更多的知识。当你被别人指出是在现学现卖时，可能会觉得很难为情，但是，不要因此气馁。**在坚持现学现卖的过程中，知识就会逐渐成为自己的东西。**

总之，反复实践、不断积累现学现卖的经验，是很重要的。在坚持的过程中，即使不被他人喜欢，也可以形成自己独特的说话风格。

在对自己的说话能力有了自信之后，接下来就进入了通过发表自己的观点来证明自己的阶段。为了使输出具有价值，需要"有不同于他人的观点"。

但是，说出和他人不同的观点需要很大的勇气。很多人会对此心存顾虑，比如，"会不会被周围的人排挤""如果我的观点被无视了，该怎么办"等。

关于以上的这些顾虑，有如下的应对方法：比如，为了不引起大家的反感，可以先说出能够预料到的反驳的观点；在表明"通常的看法也是有一定道理"的基础上，发表自己的主张；不要说得太快；等等。

除此之外，**既然是在大家面前发言，就需要有"即使被否定也不在意"的强大内心。**要意识到，即使被否定了，这也只是大家对于自己意见的否定，并不是对于自己人格的否定，然后继续发表自己的看法。

但是，由于自己的想法也可能会存在偏颇，所以不要忘记时常对自己保持"怀疑"。

具体的行动

在获得知识之后，可以现学现卖地将知识传达给别人。在持续的过程中，知识就会成为自己的东西。

093 | 如何应对考试
从容易的问题开始解答，可以使自己心情平稳

在这一节中，我将对如何在进考场之后发挥出自己的最佳水平进行说明。针对备考方法，我在第五章中已经进行了讲解，活用自己所学知识的第一步就是通过考试。

首先，一般来说，**参加模拟考试，是很重要的**。因为考场上的时间分配很重要，所以如果能在模拟考试中提前对时间的分配有一个大致的把握，是很有意义的一件事。

即使没有模拟考试，也能在考试前知道考试是主观题还是客观题。如果你在涂答题卡时通常会花费较多时间，就尽量在解题时加快速度，以此给涂答题卡留出更多的时间。

在临近考试前，大家应该都已经具备了可以通过考试的实力。所以，一边注意管理自己的身体状态，一边攻下自己认为最重要的知识点吧。

应该有很多人会在真正上考场时感到紧张。紧张也没有办法，但有了这种紧张感，反而能消除困意。

如果因为紧张而陷入恐慌的话，就是个问题了。为了避免这种情况发生，在考场上可以先解答容易的问题。这样一来，剩余

的时间会比较充裕，所以心情也会变得平稳一些。

为了能先解答容易的问题，首先必须要找出哪个问题才是容易的。为此，首先需要整体地将试卷浏览一遍，并确定一个大概的时间分配。

如果你在考试前参加了模拟考试并对如何进行时间分配进行了研究，那么你在真正上考场之后，也能对于时间的分配做到心中有数。在此基础上，阅读试卷上的题目。如果能马上解答出简单的问题，心情就可以平静下来了。

此外，对于在读完长文章之后才能知道答案的问题以及听力题，也要先阅读题目。这样一来，在阅读长文章或听听力时，就可以更容易地抓住要点并找到正确答案。

最重要的是，在考试结束之前，绝对不要放弃。

因为有时候可能会突然想起之前一直没想起来的知识点；如果是答题卡的话，随便涂一个选项也会有蒙对的可能。所以，在考试结束之前，要始终保持良好的精气神。

具体的行动

在考场上感到紧张也没关系。首先，先做简单的题，就可以使自己的心情平稳下来。然后，不要放弃，一直努力到最后一秒钟。

094 | 文章写作法①

了解写作"套路"，可以提高写作能力

接下来，我将对进行输出时所必需的技术，即文章的写作方法进行说明。

就像我在之前的章节中所写的那样，我在小时候很不擅长语文，并一直为此苦恼不已。在中学和大学的入学考试中，我基本上已经放弃在语文考试中取得好成绩这件事了。当我准备大学入学考试时，我觉得自己只能在汉字默写题和出题形式比较固定的文言文中得分，所以以此来制订了学习计划。

虽然现在也并没有很多人夸我的文章写得好，但是有很多人都认为我写的文章很容易理解。

这是因为我在写文章时，一直留心语文考试中的文章所做不到的部分，即写出通俗易懂、主旨明确的文章。

不要运用修辞法或将文章写得错综复杂，而是**有意识地用符合套路的写作方法来写**。这样一来，既可以梳理逻辑，还可以熟练地进行写作。

所以，对于不擅长写文章的人，我建议一定要按照"套路"来练习写文章。

所谓"套路"，是如下的风格。在第一段提出问题，在第二段对提出的问题陈述自己的意见。如果提出问题的形式是"是什么"，那么就写出问题的答案；如果是问"是"或"否"，那么就明确自己的立场。然后，在第三段中对自己在上一段所陈述的意见进行补充说明。最后，对整篇文章进行总结，并得出简单的结论。这样写下来，大概会有800字左右。

在意识到这个写作的"套路"之后，就能更容易地将自己想表达的事情写在文章中。在这个过程中，你对于写文章这件事会越来越熟练，最重要的是不会再懒得动笔了。

还有一个要点是，**给文章加上题目。**先想一个临时的题目也可以，在写作的过程中如果能意识到题目，那么写出来的文章主旨会更加明确。

当写完文章后，再次研究该用什么题目时，还可以对自己文章的主题再次进行确认。

 具体的行动

在写文章时，不要想着在一开始就能有自己的独创性。先意识到文章的套路，然后再向其中添加内容吧。

095 | 文章写作法②

先写好目录，接下来需要写的内容就会变得明确

在上一节中，我对短文章的写作方法进行了说明。这种短文章的篇幅大概是本书的一节左右（把书摊开之后的左右两面）。在这一节中，我将对长文章的写作方法进行说明。

虽然是对学过的知识进行输出，但遗憾的是，写文章并非是你对着电脑，文章就突然浮现在了你的脑海中。

也许真的有人有这样的才能，但即使没有，也没有必要感到悲观。

我自己在写作时，**会先写好目录，作为输出的指导方针。**所谓目录是指"要将什么样的内容按照什么顺序来写"的缩略图。

通过制作目录，可以明确自己的主张以及该通过怎样的逻辑向读者传递信息。

很多不擅长写文章的人，都习惯不写目录，而是直接写文章。这样的话，本来能写出来的东西也可能会写不出来。

我在写这本书的时候，也是先从目录开始写起的。首先，思考每一章的构成，然后再向其中填充这100个法则。在决定了主题

和法则之后，也决定了要进行说明的事情。这样一来，就能开始写作了。

但是即便如此，在实际动手写的时候，也经常会出现这样的情况：在之前的章节中写过的内容又出现在了后面的章节中。或者与前一种情况相反，在一节中出现了不能进行充分说明的情况。

我在发现这种情况之后，会对其进行微调，然后一边不断重复这个过程，一边写完了原稿（这一节原本也是没有的）。在这时，我已经忘记了整本书的构成，所以我又重新对照目录进行了确认。

不仅限于本书，通过看各种书的目录，就能知道那本书的逻辑构成。因为目录反映了编辑和作者的意图，所以，请一定要研究一下目录中的逻辑展开。

即使是短文章，为了防止漏掉内容，也最好能制作目录。

具体的行动

在写长文章时，试着先写目录吧。通过写目录，可以对于文章有一个整体的印象。

096 | 文章写作法③

想起什么写什么，很容易造成主谓混乱

在之前的两节中我曾提到，写长文章的秘诀是要在写作时意识到逻辑的展开。在这一节中，我所讲的内容会更加细致，我会告诉大家如何将每句话写得通俗易懂。

不习惯写文章的人经常做的一件事就是在写作的过程中造成主谓混乱的局面。如果想从头开始一气写完，就会渐渐看不懂自己在写什么。

比如，请看下面这个例子。

我的研究主题是，作为管理人员，为了提高领导力，正在学习组织心理学。

是不是觉得上面这句话有点不知所云呢？在这个例句中，主语和谓语是混乱的。"研究主题"这个主语本来对应的谓语应该是"是"（宾语为"组织心理学"），但由于在这句话中，"（正在）学习"成了谓语，所以产生了混淆。为什么会出现这种情况呢？这是因为浮现在大脑中的内容没有经过逻辑加工就直接被写了出来。在日语中，主语和谓语是分离开的，所以如果没有养成写作习惯，就很容易在写作时出现主谓混乱的情况。

　　在刚开始练习写作的时候，即使认真过头也没关系，请一定要明确主语和谓语。

　　我的研究主题是可以提高管理人员领导力的组织心理学。

　　这样写的话也可以。或者，为了明确主语和谓语，也可以把这一句话分成两句话来写。

　　我的学习主题是组织心理学。作为管理人员，我是为了提高领导力而进行学习的。

　　将一句话缩短之后，主语和谓语会离得更近，所以不容易出现主谓混乱的现象。在刚开始练习写作时，一定要有明确区分主语和谓语的意识。

具体的行动

在写文章时，不要过量使用顿号。在意识到主语和谓语的关系之后，再开始写短文章吧！

097 | 文章写作法④

借鉴他人的文章，可以增强自己的文章表现力

在上一节中，我针对明确主语和谓语的方法进行了说明。虽然在刚开始练习写作时那样写也没关系，但如果一直拘泥于这种方法，就无法摆脱这种外行的写法。

在习惯了写文章之后，省略主语也没关系。但是，为了避免造成意思不明确的后果，需要对内容进行反复琢磨。

在什么时候省略主语也没关系，在什么时候省略主语会不太好，这只能视情况而定。因为没有标准答案，所以，一边想象着读者的心情一边修改吧。

虽说是想象"读者的心情"，但其实也是很难的。即使你按照你认为读者能懂的方式来写，也可能会出现读者看不懂的情况。

最近，使用社交平台软件的人越来越多。如果在平台上发的内容（由于省略了主语）造成了误会，那么在这条内容被其他人转发之后，误会也会扩散。所以，一般来说，在省略主语这件事上还是慎重一些比较好。

而且，如果逻辑展开没有问题，也能很好地写出主语和谓语

相对应的文章。对于想写出更有感觉的文章的人，我推荐如下的方法。

这个方法就是"**借文**"。这个方法正如其名，就是借别人写的文章。虽说如此，但如果原封不动地复制粘贴他人的文章，就成了剽窃。

"借文"这个方法，是受到我高中时代的一位英语老师的启发，这位英语老师曾说过，"**英语作文就是英语'借文'**"。日本人在写英语作文时，如果根据语法来写，往往会非常辛苦。比起根据语法来写，去看与自己想表达的内容相近的英语文章，能更快地知道替换单词的方法。

孩子们在学习说话时也并不是通过记语法来学会说话的，而是通过模仿大人们说话或者看图画书。

在进行写作练习时，可以借鉴的文章有很多。比如，报纸的专栏、有人气的博客或者作家的散文，什么都可以。总之，通过大量阅读，找到让你觉得很棒的文章。与优秀的文章相遇，应该会成为一种乐趣。

当你遇到符合自己心意的文章时，请一定要模仿它进行写作。你会在这个过程中，渐渐地拥有写文章的节奏感。

具体的行动

如果你想提高自己的表现力，就去寻找好的文章，然后以此为参考进行写作练习吧！

098 | 演讲的方法①
先说结论，更容易让听众理解

在本书最后的三节中，我会对必要的演讲技巧进行介绍。其实，演讲的原则也和写文章一样，就是反复对演讲套路进行练习。

大家可能会以为演讲的第一步也是提出问题，但是，**在演讲中，先突然地说出结论吧！**

之后再对结论的依据进行说明，并对背景信息进行解说，就能得出最初提出的结论。

虽然这个流程出乎意料地简单，但是实际进行练习的人更是出乎意料地少。其实，只需要进行几次练习，你的说服力就能得到非常明显的提升。

在阅读文章时，如果有不懂的地方还可以回看，但在听别人的演讲时，一旦没有听懂哪句话，就可能会跟不上演讲的内容和节奏。

因此，在演讲时有必要先说结论，以防听众听不懂自己想说的话。如果听众能先理解结论，那么，在听你说明的过程中，因为对结论有印象，所以也可以安心地听。

　　还有一点需要注意的是，即使是不擅长写长文章的人，也可能会在演讲时稍不留神就讲得非常冗长。不同于日常的对话，演讲的场合大多有时间限制，所以需要演讲者有言简意赅的能力。

　　因此，**在练习演讲时进行计时，是一个不错的方法**。可以先试着在5分钟以内练习演讲，如果觉得5分钟太长，就改为在3分钟内进行练习。

　　一边意识到演讲的套路一边练习演讲，在不断地重复这个过程之后，就可以和写文章一样，稍微打破一点套路。但是，在达到这种程度之前，请继续按照套路大声地练习演讲。

具体的行动

在练习演讲时，先说出结论，然后在规定时间内完成对结论的说明。试着进行这样的练习吧！

099 | 演讲的方法②

随着演讲次数的增加，演讲的质量会有所提高

在上一节中，我针对短时间演讲的方法进行了说明。在这一节中，我将会对稍长一些的演讲进行解说。日本人一直被认为是很不擅长演讲的。

确实，认可率性而为的欧美和唯恐树大招风、崇尚以和为贵的日本之间，存在着社会文化的差异，但是，在我看来，比社会文化差异对演讲水平的影响更大的是，演讲的次数和排练的次数。

在美国，演讲一直非常受重视。如果你看过美国的总统选举就会知道擅长演讲这件事的重要性。因此，演讲者会在演讲之前反复地进行练习，并在练习时将自己的演讲录下来，之后通过回看录像，确认自己在演讲时的表现。

美国人经常被认为是很擅长即兴演讲的。但其实即兴演讲的内容也有人帮演讲者提前写好，是经过排练、策划的。

政治家暂且不谈，对于我们一般人而言，必须从自己给自己写好演讲稿开始进行演讲练习。

通常情况下，不擅长演讲的人往往会认为演讲全凭感觉，

不仅不会练习演讲，就连演讲稿也不会提前准备。在进行演讲之前，**请大家一定要写好演讲稿。**

写演讲稿时，在决定了演讲内容的大致展开方向之后，必须从开头写起。为了能让演讲的内容从头到尾吸引听众的注意力，必须要下功夫认真地对待写演讲稿这件事。

虽然是在写完演讲稿之后开始练习，但在实际开始练习之后，就会发现演讲稿中有很别扭的地方。对于这样的地方，不断地进行修改吧。在这个过程中，你也会渐渐记住演讲稿的内容。

如果可能的话，找别人来当你的听众。可能你会觉得很难为情，但是这总好过在正式演讲时出丑。

反复练习演讲，渐渐地就可以有多余的精力放在其他需要注意的事情上。因此，**在能顺利进行演讲之后，请一定要有意识地使演讲内容变得有趣。**

在平时就要有意识地使自己说话有趣，并学会与人相处。如果能意识到说什么话可以让对方开心，你的演讲效果就会有很大的提升。服务精神是非常重要的。

 具体的行动

在正式演讲之前，先写好原稿，然后不断地进行演讲练习吧。

100 | 演讲的方法③
坦率地接受建议，能提高演讲的质量

演讲也需要必要的练习，关于这一点，我在之前的章节中已经提到过了。此外，该如何向听众传达有难度的内容，也是一个问题。

虽说都是有难度的内容，但也可以分为"解答在大学考试中遇到的难题"和"针对社会问题这种没有标准答案的问题陈述自己的意见"这两种。

关于前者，我在进行备考指导时，通常会建议考生"将自己觉得难的问题讲给周围的朋友听"，在这个过程中，你也能很好地理解这道题。

因为在给朋友讲题的过程中，你也能更好地理解要点，而且，在这个过程中，还能发现难题的哪部分是容易做错的，并发现解题的关键所在。如果朋友能听懂你讲的题，还可以证明你掌握了说明的技巧，对于问题的理解也加深了。

关于后者，如果你能对经常批判别人的人进行很好的说明，那么你对于难题的表述能力会有很大的提升。

经常批判别人的人可能会说出一些忠言逆耳的话。但是，

世界上的大多数人都觉得"如果问这种理所当然的事情，可能会被当成傻瓜""太麻烦了，所以算了吧"，所以并不会向我们提出疑问。但正因为如此，**能为我们提出忠告的人，是非常珍贵的存在**。自己认真领会思考他人的忠告，加深理解之后，再进行演讲，就会有所进步。

日本人总是过度害怕被他人批判。但是，应该转变自己的态度和想法，因为针对他人的主张提出自己的异议或反对意见是理所当然的。如果可能的话，在演讲之前，提前设想"可能会在演讲中受到这样的批判"，然后准备好可以应对的回答。

在达到较高的水平之后，你可以在演讲中设置几个"包袱"，让听众对你提出疑问。通过很好地解答听众的问题，可以使演讲更顺利地进行下去。**在国际化的思考方式中，在演讲时，如果没有任何人对你提出异议，就等同于你的演讲没有引起大家的关注。**

无论是在内容方面，还是在演讲技巧方面，不要畏惧批评，将他人的批评当作自己的精神食粮，然后继续提高演讲的质量吧！

！

为了提高演讲水平，不要畏惧批评。进行演讲，然后真挚地面对批评吧。

和田秀树

1960年出生于日本大阪府。毕业于东京大学医学部。曾任东京大学医学部附属医院精神神经科助理、美国卡尔梅宁格精神医学校国际研究员,现为国际医疗福祉大学教授、川崎幸医院精神科顾问。著有《成人的学习法》等有关学习和自我发展的图书。

27岁时出版的《考试诀窍》(『受験は要領』)一书成了畅销书,之后创办了考试指导研讨会。此外,在电影界也十分活跃,制作并导演的影片《考试的灰姑娘》在摩纳哥国际电影节中获得了最佳影片奖。